ミネルヴァ日本評伝選

当年の費えといえども後世の頼り

桓武天皇

井上満郎著

ミネルヴァ書房

刊行の趣意

「学問は歴史に極まり候ことに候」とは、先哲荻生徂徠のことばである。
歴史のなかにこそ人間の智恵は宿されている。人間の愚かさもそこにはあらわだ。この歴史を探り、歴史に学んでこそ、人間はようやくみずからの正体を知り、いくらかは賢くなることができる。新しい勇気を得て未来に向かうことができる。徂徠はそう言いたかったのだろう。

「ミネルヴァ日本評伝選」は、私たちの直接の先人について、この人間知を学びなおそうという試みである。日本列島の過去に生きた人々の言行を、深く、くわしく探って、そこに現代への批判を聴きとろうとする試みである。日本人ばかりではない。列島の歴史にかかわった多くの異国の人々の声にも耳を傾けよう。
先人たちの書き残した文章をそのひだにまで立ち入って読み、彼らの旅した跡をたどりなおし、彼らのなしとげた事業を広い文脈のなかで注意深く観察しなおす――そのとき、はじめて先人たちはいまの私たちのかたわらによみがえってくる。彼らのなまの声で歴史の智恵を、また人間であることのよろこびと苦しみを、私たちに伝えてくれもするだろう。

この「評伝選」のつらなりのなかから、列島の歴史はおのずからその複雑さと奥ゆきの深さをもって浮かび上がってくるはずだ。これを読むとき、私たちのなかに新たな自信と勇気が湧いてきて、その矜持と勇気をもって「グローバリゼーション」の世紀に立ち向かってゆくことができる――そのような「ミネルヴァ日本評伝選」にしたいと、私たちは願っている。

平成十五年（二〇〇三）九月

上横手雅敬
芳賀　徹

平安京復元模型

平安神宮（京都市左京区岡崎西天王町）

はじめに

歴史を生きた人間には、いわば運不運がある。運命的・神秘的なものをいうのでなく、現代語にすれば〝巡り合わせ〟とでもいうべきであろうか、その当人には選択の余地のないものであって、たとえていえばもし異なる時代に誕生すれば、また違った生き方があったのではないか、という程度のことである。その違った生き方は当人には選択できないわけで、与えられた運不運のなかで、その運命、〝巡り合わせ〟をわが物として受け入れ、かつ最大限の努力心と闘争心を持って道を切り拓く、とでもいうのであろうか。歴史を生きざるをえない人間すべての宿命である。

この点、桓武《かんむ》天皇は抜群の運に恵まれていたといえる。歴史学とは馴染まないことを承知でいえば、まずその健康と長寿をあげることができるだろう。病気を経験したことはあるものの、全体としてはまずおおむね頑健な肉体に恵まれた。桓武の時代の平均寿命など計算のしようもないが、皇族や貴族のそれはおおよそ五十歳代の後半であることは、服部敏良氏『王朝貴族の病状診断』などをはじめ、おおかたの認めるところであろう。そうしたなかで病気はしたものの大病にもならずに、七十歳にいたるまで生きた。臨床的な治療などほとんどない時代でのことだから、やはり運としかいいようがない。

さらにいえば、天皇などになれるはずのない、当時では傍系皇族の家流に位置していながら、ついには天皇に即位したことも、これまた幸運であろう。少なくとも桓武自身の努力によるものではない。周辺の環境・状況が自然に桓武に流れ込み、傾いてくるのを辛抱強く待ったことをもって努力といえばいえないことはないが、歴史のなかの、急激に変わる時代の動きが、おのずと桓武の側に傾き、流れこんだのである。

臣下にも恵まれた。即位に際しては、そこへ向かって働き、サポートしてくれる信頼すべき臣下を何人も持つことができた。また政権が安定して以後は、今度は桓武の政権運営を妨げる有力な臣下はいなくなっていた。こちらは良運であるかどうかは判断しがたいが、少なくとも桓武政権が桓武天皇自身の意向を表に出せる段階にいたった時に、それに反対する人物、あるいは障害となる大きな勢力は存在しなかった。桓武政権は、桓武天皇の意志を強く反映させることのできた政権であったといってよい。

こうして考えてみると、桓武の人物像に、「運」というキーワードを設定することは決して誤ってはいないと思われる。その幸運と強運のなかで、歴史を生きた桓武という一人物は、みずからの生涯の足跡を刻み、後世に名を残すところとなったのであった。

桓武天皇の生涯は七十年、治世では四半世紀。ちなみに彼の前後の天皇と比較してみるとよく分かるが、寿命は父光仁《こうにん》天皇（七〇九〜七八一）のほうが長かったけれども在位は十一年間だったし、治世の期間ということでは、女帝であった推古《すいこ》天皇の三十六年間は別として、わずかに聖武《しょうむ》天皇の同じ二十五年間があるのみである。

これだけの長期間にわたって日本国の統治にあたることは、想像を絶するたいへんなことであったと思う。いかに極東の小帝国日本といえども国土は広く、その頂点に立って、過去・現在・未来にたえず目を配り、国政を仕切るという行為は、変な言い方だがわたしにはとても耐えられない。譲位という慣習はすでにあるにもかかわらず、桓武はその慣習を行使せず、天皇としての統治を二十五年間も行ったのである。

桓武に少し先立つ時代、中国唐に玄宗《げんそう》（六八五〜七六二）という皇帝がいた。玄宗は半世紀を越えて中国全土の統治にあたったが、どこかで中国文学者の高橋和巳さんがその玄宗について言っておられたことが、わたしの印象に残っている。日本とは比較にならない広大な中華帝国の国土を統治し、はるか辺境にまで目を及ぼし、多くの民族の風俗・習慣にも気をくばり、その体力と神経の消耗は多大なものであったろうし、名君といわれる皇帝の多くが晩年は酒と女に溺れるのはある意味当然というか、必然であるのではないかという指摘だったと思う。まことにそのとおりであろう。支配にあたるというのはそういうことだといえばそれまでだが、多くの苦悩を背負い込むことでもあるわけで、それを酒と女に逃げることもまたひとつの選択肢であるのではないか。

そういうなかで、桓武天皇にはそうした非倫理的なものはまったく見られない。たしかに后妃の数は多かったが、女性に溺れた結果そうなったという形跡はこれまたまったくないし、まして酒にふけったということも知られない。自己をきびしく律し、国政にあたった天皇であると思う。さまざまな苦悩のなかで、脳漿のあるかぎりをしぼり、知恵のあるかぎりを出し、正面から時代と社会に向きあった。そのすがたを先入観をすてて、丹念に追いかけてみたい。

桓武天皇——当年の費えといえども後世の頼り

目次

図版写真一覧

桓武天皇関係略系図

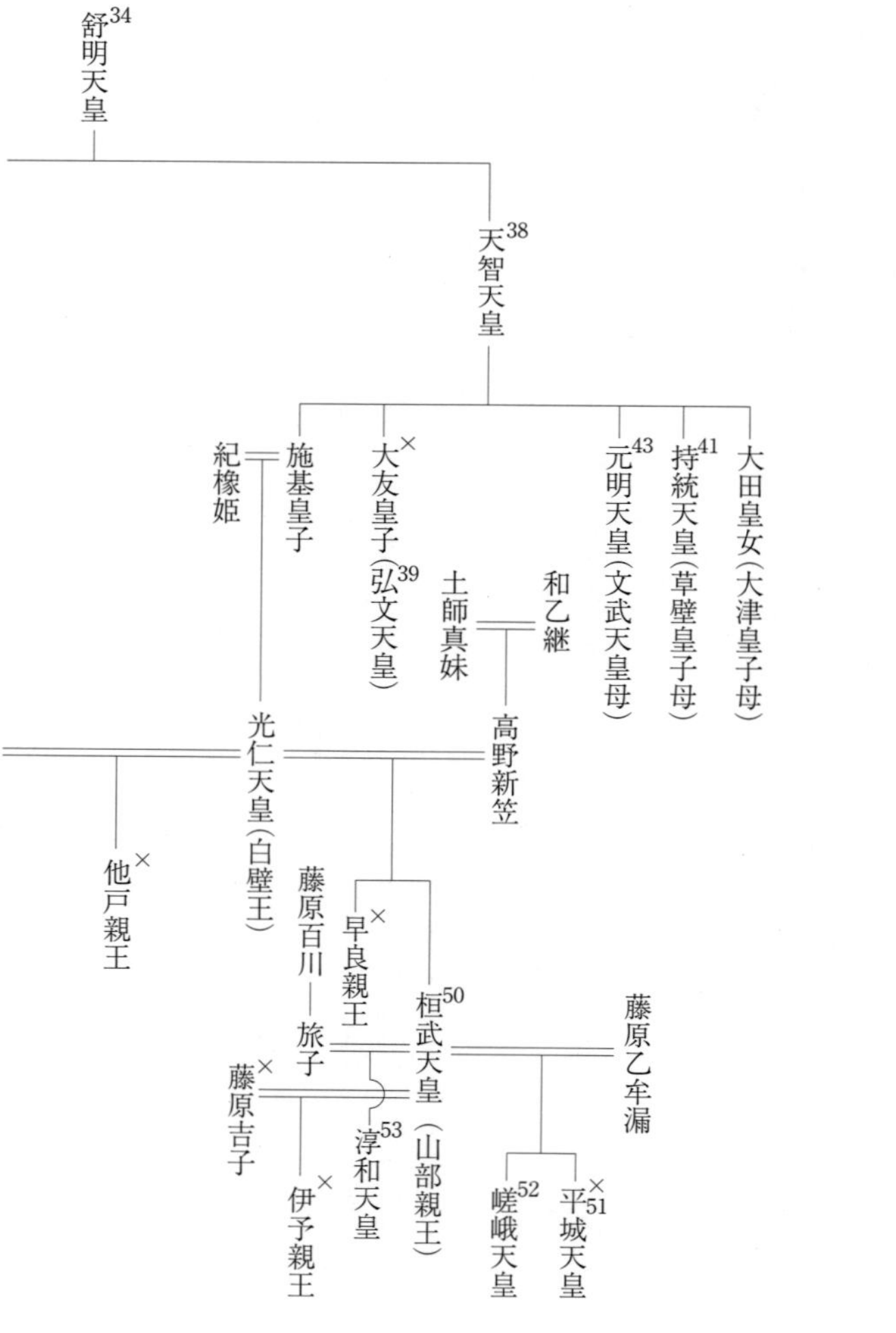

舒明天皇 34
天智天皇 38
大田皇女（大津皇子母）
持統天皇 41（草壁皇子母）
元明天皇 43（文武天皇母）
大友皇子 ×（弘文天皇 39）
施基皇子
紀橡姫
和乙継
土師真妹
高野新笠
光仁天皇（白壁王）
他戸親王 ×
早良親王 ×
桓武天皇 50（山部親王）
藤原百川
旅子
藤原乙牟漏
藤原吉子 ×
伊予親王 ×
淳和天皇 53
嵯峨天皇 52
平城天皇 × 51

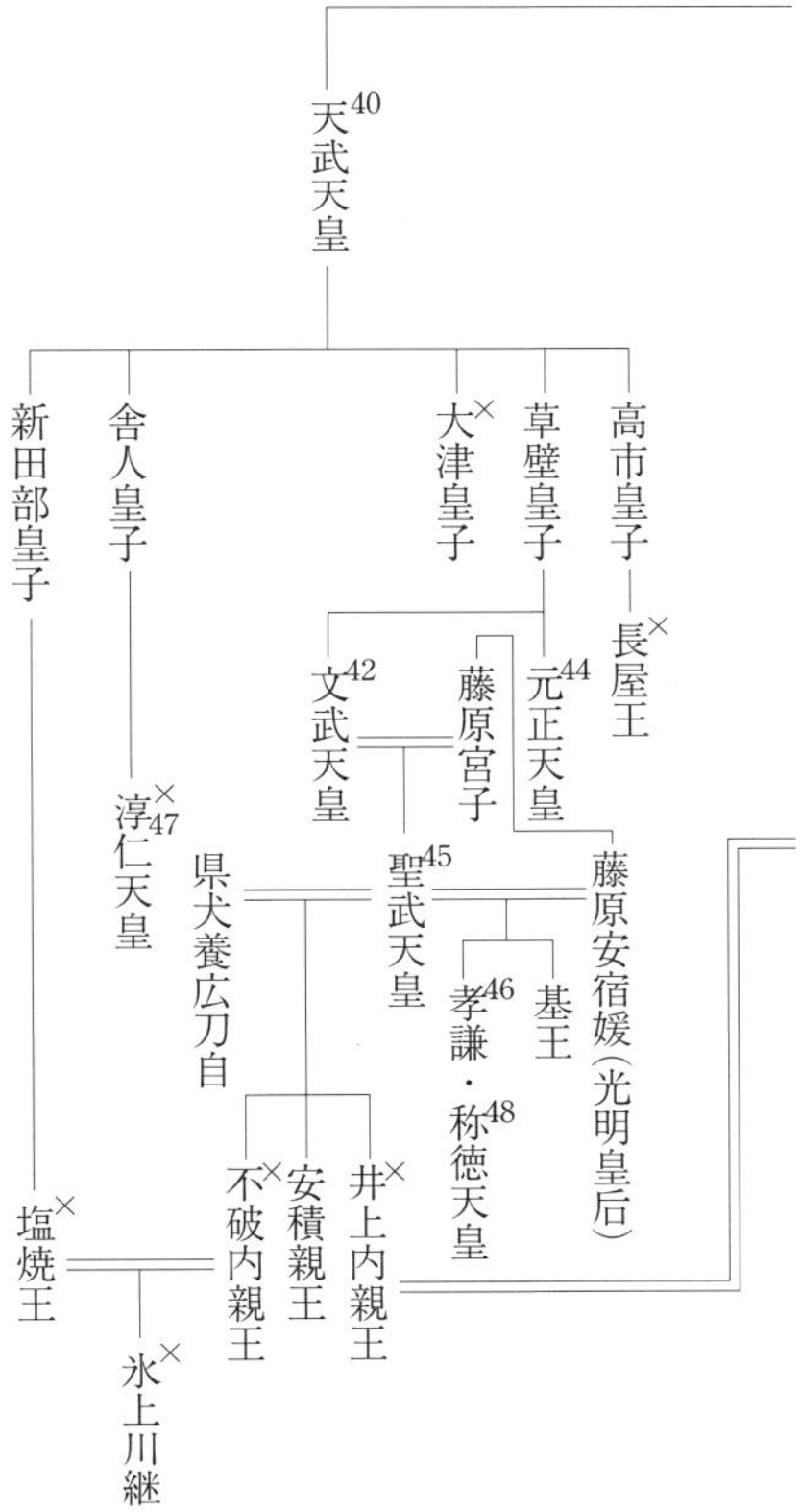

*ほぼ八世紀に相当する系図としたが、天平文化や正倉院からイメージする平和で温和な時代とは異なり、頻繁に内乱・政争が起こった。
数字は神武天皇を初代とする皇統譜の代数。
×印は政変・内乱等によって横死・失脚した人物。

関係地図
京都
大津
高野新笠大枝陵
桓武天皇柏原陵
長岡京
信楽
交野天神社
木津
大阪
奈良
橿原
伝早良親王墓
明日香
吉野
五條

序章　生誕とその時代

桓武《かんむ》天皇がこの世に出るまでの時代について、多少考えておく必要がある。歴史と無縁でありえないどころか、歴史的存在として天皇になった桓武の人物像を解析し、その生きざまを探るとき、桓武という人物を生み出した歴史的前提が大きくその人物像に関係するからである。

天皇の権限と権力

桓武生涯七十年のうち、幼少年期は別として、半分は天皇即位以前の雌伏と皇太子時代、あとの半分が天皇として律令国家の頂点に立たざるをえなかった時代である。そして何といっても重要な意味を持つのが後者であることは疑いなく、奈良時代を終わらせ、平安時代という新時代を切り拓くという役割を主役として演じた。

桓武天皇に何ができて、何ができなかったのかを検討する時に、最初にまずは天皇というポストがいかなる権限・権力を持つものなのかを、簡単にではあっても確定しておかねばならない。

日本の歴史、とりわけ古代史を考えるとき、わたしたちはともすれば「天皇」という存在を絶対的な権力の保持者、あるいは独裁者・専制君主に近いものと先入観的に思い込んでしまう。ある歴史時点での天皇がそうであったことは事実にしても、個々にそれぞれの天皇の権力が具体的にどうであったかには違いがあるのであって、その点を見極めておかないと、その人物像を明らかにすることはできないとわたしは思う。いうまでもなく天皇は世界の王のなかの一類型であり、当然世界のそれぞれの王と異なるところもあれば、同じところもある。世界の王のなかに解消して考えてしまうことは誤りだが、かといって世界のなかに例のない特別な王として考えることも正しくない。

よく知られているように、古代の天皇には法律的にその権限なり権力なりを規定した法文は存在しない。桓武天皇の時代はなお律令が法制として十分に生きていた時代だが、その条文のなかに天皇のいわば「職務権限」を規定したものはない。これまたよく言われるように、天皇は法を超越していたのである。極端にいえば、天皇とは何でもできる〝全能者〟ということになる。五世紀にほぼ王権が確立し、それ以後継承されたそれは政治・軍事はむろん、経済・文化にいたるまでに君臨し、語弊はあるものの独裁・専制に近いものとして天皇の権限は発揮された。桓武天皇もそうした王権の内容を継承して、奈良時代末から平安時代前期にかけて天下・国家に君臨した。

貴族―公卿の伝統

しかし一方で天皇の権限・権力は限定されたものであり、決して独裁・専制といえないという説も根強くある。それはヤマト政権時代からの伝統として主張されるものであり、ヤマト朝廷・ヤマト王権が畿内豪族の連合政権的性格を強く残していると考えるところからはじまる。遺制としてよく引用されるのは一貴族一公卿という奈良時代の太政官構成の原則で、たしかに藤原氏なり大伴氏なりの貴族・豪族は原則として自分の一族から一人を議政官、いまでいえば閣僚として太政官に送り、国政を運営した。その原則そのものは藤原不比等《ふひと》の強権による藤原氏からの複数の公卿の出現で崩壊するが、各氏族が連合して政権を運営するという原則は以後も続き、桓武天皇の時代にいたった。この間の経緯は石上英一氏によって明確な整理が施されているが（「律令国家論」『新版古代の日本』①「古代史総論」所収）、そこでも主張されているように、天皇は「非専制的性格と専制的性格の二元性」を持つものと考えるのが妥当なように思える。

この規定そのものは天皇について何も言っていないに等しいとも聞こえるが、要はその時々の権力の在り方、政権の勢力バランスによって天皇の権限・権力、つまり出来ることは何で出来ないことは何ということも決まるということなのであり、桓武天皇の場合も例外ではないということである。桓武の人物像を探ろうと思うとき、いつもその当時の政治や経済、また文化の姿が背後にあることに留意せねばならないということでもあろう。桓武天皇は、考えようによってはたぐいまれな専制君主とも考えられるし、わたしもおおむねそれでよいと考えているが、またいっぽうでは貴族たちの掣肘を強く受けた君主とも考えられる。治世四半世紀のあいだには、さまざまな状況の変化があったことは当然であり、慎重に彼の生きた時代背景を、それも細かく見極める必要があるだろう。先に強運にめぐまれて、政権運営にほとんど専制的ともいえる態度で臨んだといったが、一筋縄ではいかないということである。少なくとも平安時代的な貴族たちによる政権運営の慣行はいまだ成立しておらず、天皇の国王としての巨大な政治権力は失われてはいなかった。どれほどに権力を行使しえたのかは、法文上の規定ではなく、現実の政治状況によるものであった。

長屋王と天皇

このことを考える時、これまた誰もが引用するのは希代の俊秀ともいうべき左大臣長屋王《ながやおう》と、聖武天皇とのあいだに、神亀元年（七二九）に起こった確執である。史料は以下のように述べている。なお訓読は諸書を参照しているが、読みやすさを考慮して現代仮名遣いを基本とした（以下同）。

> 左大臣正二位長屋王等申さく、「伏して二月四日の勅を見るに、『藤原夫人を天下皆大夫人《だいぶにん》と称せよ』といえり。臣ら謹んで公式令《くしきりょう》を検《かんが》うるに、皇太夫人《こうだいぶにん》と云えり。勅の号に依らんと欲せば皇の字を失うべし。令の文を須《もち》いんと欲せば、恐らくは違勅とならん。定むる所を知らず。伏して進止を聞かん」と。詔《みことのり》して曰く、「文《ぶん》には皇太夫人とし、語には大御祖《おおみおや》とし、先勅を追い収めて後号を頒《わか》ち下すべし」と。

というものである（「続日本紀」神亀元年三月辛巳条〈二十二日〉）。議論はある意味できわめて単純なものであって、この前の月に即位した聖武天皇が、自分の母親の文武《もんむ》天皇夫人の藤原宮子《みやこ》に特別の称号を与え、それを「大夫人」とするという「勅」を出した。むろん裏に藤原氏一族、この当時は宮子の父でもある不比等はすでになく、その四人の子息の時代に移っていたけれども、彼らの藤原氏権力の拡大のための画策であったことは明白であるが、とにかく特別扱いともいうべき称号で母を遇しようとした。

これに異を唱えたのが長屋王で、その言うところは、すでに「公式令《くしきりょう》」の規定のなかにこういうケースは「皇太夫人」とするとあり（たしかに「公式令」平出条には皇太后・皇太妃・皇太夫人の三種しか規定されておらず、「大夫人」は存在しない）、にもかかわらず勅のとおりに施行すると「皇」の字を欠く、つまり法令違反となる。しかし法令に従って「勅」の施行を排除すれば、天皇の命令に従わない大罪である「違勅罪」を犯すことになってしまう、ということであった。判断を停止し、「伏して進止を聞かん」、すなわちもう一度指示を下さいとして聖武天皇の側にいわば下駄を預けたのである。この勅への挑戦が長屋王主導であることは疑いないが、長屋王「等」あるごとく複数の賛成者を得ていた政治的な行動であることも事実で、結果は文書での表示は「公式令」どおりに「皇太夫人」と書き、言葉で表現するときは「コウダイブニン」とせずに「オオミオヤ」と訓《よ》むという、

長屋王墓（奈良県平群町梨本字前）
長屋王は謀反を試みたとの疑いを受けて失脚，妻や子たちとともに自死に追い込まれた。遺骸は「生馬山」（生駒山）に埋葬されたが，奈良盆地西部の竜田川の流れる平群谷に夫婦ならんで墓所が営まれている。

両者の中を取るという政治的で折衷的な解決がなされた。

この事件のプロセスそのものはここでは措くが、すべてを超越し、法令からも自由なはずの天皇が、その天皇としての資格と権限に基づいて、律令には存在しない「大夫人」という称号を制定した。したがってこの「勅」が発布された時をもって「大夫人」という宮子の称号は成立し、この〝事件〟は〝終わった〟のであって、誰もこの天皇の意志に背くことはできない。もちろん古代においてこのような、勅の撤回という前例はまったく見られないが、天皇の権限・権力がいかに強大なものであるかを示す実例なのであり、法令としての律令は聖武天皇によってここでは完全に無視され、超越されていた。

しかしまた、聖武天皇はこのいったん出してしまった勅を撤回した。それも天皇としての自分の自由意志によってでなく、「長屋王等」の議政官の抵抗・抗議によってであり、天皇の意志はここでは彼らによって掣肘されたのである。天皇がすでに出してしまった詔勅を撤回したという例は他にないから、あまりこの事件での聖武天皇の〝敗北〟行動を、天皇対太政官というか、政府との対立として一般化するのは適当ではないが、事情によっては天皇は臣下の意見に拘束されることがあったのだということは重要で、つまりは天皇の権限・権力はその時々の「状況」によって決定されるということであろう。法令に規定された、あるいは規定されていない天皇権限だけで桓武天皇の生涯と業績を判断することは、かえって正当な桓武天皇像を見失うことになる。当たり前のことだが、桓武の置かれていたその時々の状況を正確に見極め、公平に判断し、その果たした歴史的役割を評伝する必要があることを忘れてはならない。

　このこととも関わるが、桓武に限らず天皇という存在を検討する時、「天皇」という存在の根本の成立の時点を押さえておく必要があろう。

律令体制の成立

いささか高校教科書的で恐縮だが、それは律令体制の成立の時点と重なり合う。この律令体制の成立が天皇を頂点とする権限・権力を確定したが、さらに天皇のみに特化していえば、天武《てんむ》天皇朝が大きな意味を持った。桓武天皇が引き継いだ権限・権力は、この天武天皇時代に淵源を求めることができよう。

「万葉集」に、

大君《おおきみ》は　神にしいませば　赤駒《あかごま》の　腹這《はらば》う田居を　都と成しつ　（巻十九—四二六〇）
大君は　神にしいませば　水鳥の　すだく水沼《みぬま》を　都と成しつ　（巻十九—四二六一）

などとあるごとく、また別に「日本書紀」にも景行《けいこう》天皇の子であるヤマトタケルが、

吾は是《これ》、現人神《あらひとがみ》の子なり。　（同書景行天皇四十年是歳条）

とも言い、さらに桓武天皇に時代的に近いところでいえば、「続日本後紀」にも仁明《にんみょう》天皇の四十歳を

賀して奉献された長歌に、

御世《みよ》御世《みよ》に、相い承け襲《つ》ぎて、毎皇《すめろぎごと》に、現人神と成り給い、（後略）

などとあるように（同書嘉祥二年三月庚辰条〈二十六日〉）、当時の天皇は神とも把握されていた。その用例は「壬申の年の乱の平定《あらたま》りにし以後《のち》」を初出とし、早く指摘されているようにそのような認識の発生の原因を天武天皇の壬申の乱の勝利から律令体制の整備という偉業に想定することは（高木市之助『吉野の鮎』）、誤ってはいないと思われる。

しかし、にもかかわらず、長屋王たちのような反対があり、現実の政治世界では天皇の権限・権力は必ずしも安定的なものではなかったのである。時代状況によってそれは変化し、流動するのであって、一概に決定することはできない。まず時代を考察することが重要なのであり、天皇といえども時代から無縁ではなかったということであろうか。桓武天皇の場合も、まず時代を考え、しかるのちにそれとの相互関係において桓武天皇の行動の軌跡を判断せねばならないのである。けっしてその逆ではない。

第一章　桓武天皇の登場

1　生誕の前後

誕生の幸運

桓武天皇がこの世に生を受けたのは、天平九年（七三七）のことである。これは諸書に一致を見ており、月日までを特定することはできないが、疑う余地はない。

この年はどういう年なのか。唐突なようだが、まずここに桓武天皇の運の良さがある。誕生年を自分で選ぶことはできないから、運の良さとしかいいようがないのだ。

というのは、この年は未曾有の天然痘の流行年であって、多くの壮年男女までもがつぎつぎに世を去ったというほどの、大規模な疫病が貴賤衆庶を襲ったのである。

この疫病のもとは、遣唐使が中国から病原菌を持って帰ったことにある。遣唐使というと、正倉院宝物や天平文化などのイメージから日本の歴史と文化へのプラス面をすぐに想像するが、疫病の病原菌も持ち帰ったことは歴史の真実というか、裏面を考える場合に興味深い。この課題を追究することは本書の守備範囲ではないが、推古天皇八年（六〇〇）にまず遣隋使が中国に渡り（『隋書』倭国伝。ただしこの記事は『日本書紀』には収載がない）、ついで六三〇年に初回の遣唐使が派遣されて以来（『日本書紀』舒明天皇二年八月丁酉条〈五日〉）、日本の歴史・文化への貢献面ばかりが強調される。そうした貢献の側面はむろん大きいけれども、あらゆる歴史事象がそうだが、表があれば裏があるわけで、その両者に正当に目を注がないと正しい日本は分からない。

天平六年（七三四）十一月二十日、前年四月に日本を出発した遣唐使がその役目を終え、帰国した。多祢《たね》島（種子島）への帰着であったが、その翌年から「夏より冬に至るまで、天下豌豆瘡《えんどうそう》〈俗に裳瘡《もがさ》という〉を患いて夭死《ようし》せる者多し」とあるほどに疫病が流行した（『続日本紀』天平七年是歳条）。遣唐使が持ち帰ったと考えられる天然痘の病原菌が原因らしいが、帰国が冬であったところから流行は翌年に持ち越され、おそらくは節刀の返却と拝朝の天平七年三月を契機として平城京に伝染し、その詳細は不明ながらもまたたく間に大流行したらしい。

天平九年の疫病流行

この流行は翌年の天平八年には小康を保ったようだが、その翌年の天平九年にまたもや大流行をもたらした。ただし七年のそれと九年のそれとを同じ疫病とするかどうかには議論があるが（服部敏良『奈良時代医学の研究』参照）、またこれを決定できる能力をわたしは欠いているので本書では省略にしたがわざるを得ないが、桓武天皇生年のこの年の疫病が強烈な流行をしたことだけは疑いない。この流行についての記録はほとんど『続日本紀』が唯一のものだが、以下のようである。

是《こ》の年の春、疫瘡大《おおい》に発《おこ》る。初め筑紫《つくし》より来り、夏を経《へ》、秋に渉《わた》りて、公卿以下天下の百姓《ひゃくせい》相継ぎて没死すること勝《あ》げて計《かぞ》うべからず。近代以来いまだこれあらざるなり。

と年末に記事がまとめられている（『続日本紀』天平九年是歳条）。事実この年の春正月に、帰国した遣新羅使の平城京への帰還があったが、大使阿倍継麻呂が「津島」（対馬）で死去し、副使大伴三中《みなか》も「病に染まりて入京することを得ず」という不吉な事件があった（同書天平九年正月辛丑条〈二十七日〉）。右に天平七年度と九年度のそれが同一か不明という説を述べたが、外国派遣の使節が罹病し、また「初め筑紫」といい、また「太宰管内の諸国、疫瘡時行して百姓多く死す」（同書天平九年四月癸亥条〈十九日〉）などの記事とも考えあわせて、素人判断ではあるが同じ天然痘のように思われるのだがいかがなものであろうか。

四月に藤原房前《ふささき》、六月に多治比県守《たじひのあがたもり》、七月に藤原麻呂《まろ》・武智麻呂《むちまろ》、八月に同宇合《うまかい》と、相次いで議政官が病没した。これ以外の一般官僚となるとその数値も不明で、おそらくは倍する官僚たちが死去したと思われる。衝撃を受けた聖武天皇は、

災気にわかに発《おこ》りて、天下の百姓死亡すること実に多く、百官人ら欠卒すること少なからず。まこ

とに朕が不徳によりて此の災殃《さいおう》を致せり。

という詔を出すほどであった（同書天平九年八月甲寅条〈十三日〉）。

この年に桓武天皇は生誕したのであり、このような状況のなかで、概して健康を害なうこともなく生き抜くことができたという幸運が指摘できよう。

このこととの関係でさらに想像をたくましくすれば、桓武天皇が平城京でなく、どこか田園的な、疫病からは隔離された環境下で生まれたという可能性もあるようにも思える。むろん平城京に生きたからといって全員が病死するわけではないから、この可能性はあくまで想像にとどまるが、後年に宮都を平城京から移転するときに山背国を選んだこととの関わりで、むげに否定できないようにも思われる。

聖武天皇政権の成立

この疫病は、新たな政治環境を作り出した。聖武天皇政権の成立である。聖武天皇はこの十年程も前に即位し、形式的な聖武〝政権〟はすでにできていたともいえるが、ここまでの聖武は政権を自由に動かせる状況にはなかった。天平三年（七三一）に藤原不比等《ふひと》の四人の男子、すなわち武智麻呂《むちまろ》・房前《ふささき》・宇合《うまかい》・麻呂《まろ》というそれぞれに個性はあったようだが、政治的能力にも恵まれたいわゆる藤四子がともに議政官となって、政界を掌握した。妻の光明子の兄でもあり、また聖武天皇より年長でもあって、四子主導の政権が運営されたのである。そう考えてみると、たしかに後年のはげしい仏教への傾倒に見られるような聖武天皇の独自の政治スタイル

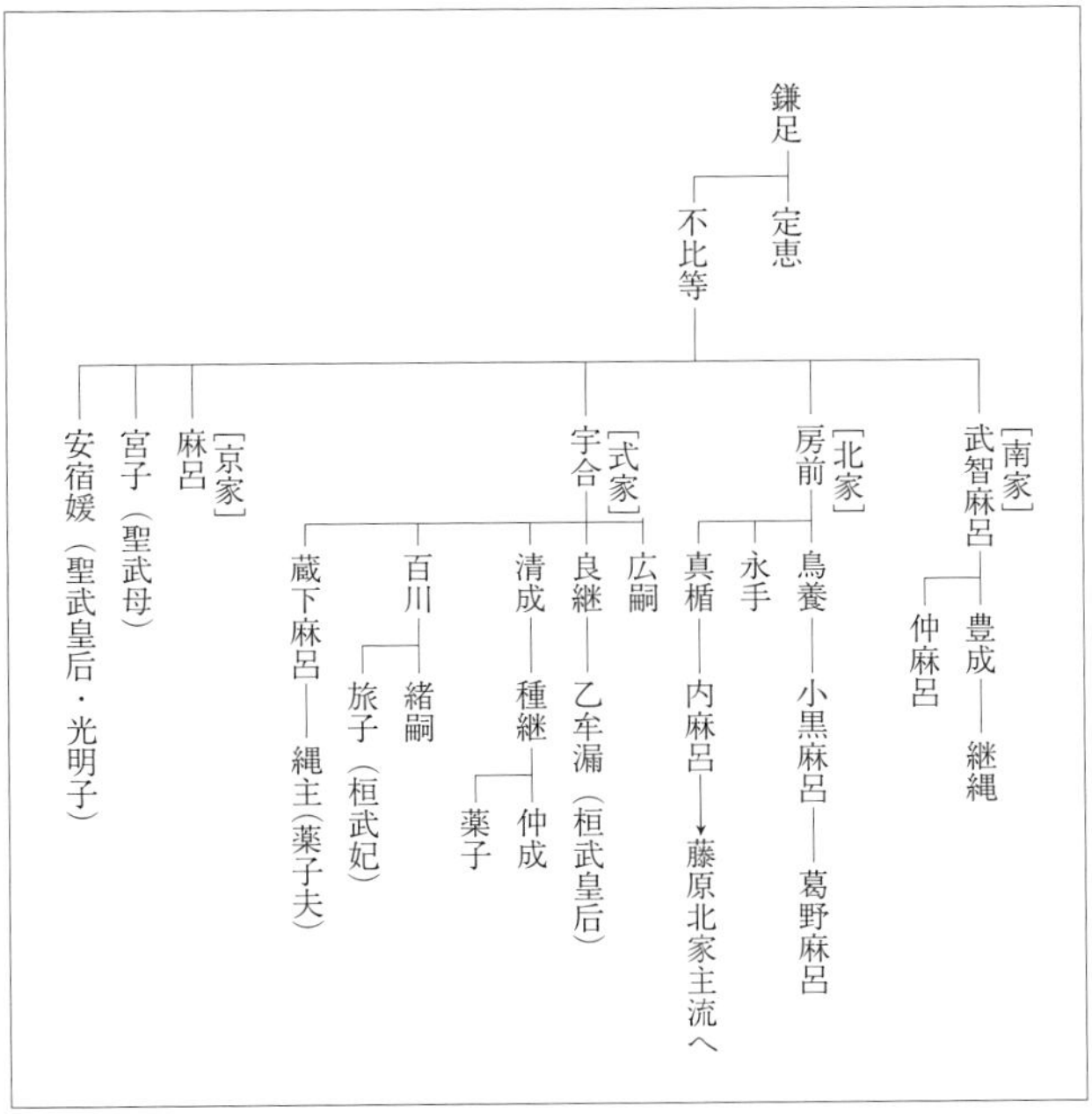

藤原氏略系図

藤原氏は，鎌足が死の直前に藤原の姓を賜わって中臣氏から分離して成立した。その長男の定恵は出家し，次男の不比等が一族を継承するところとなる。不比等の次世代から四家に分離，光仁・桓武朝には式家が繁栄した。

はこの段階では見られず、天皇権力は低下していたといってよいだろう。

したがって、その四子が死去するということは、聖武天皇の政治志向を表面に出すことのできる、一種の〝専制〟的な体制ができたということになる。

ただしこれには条件がいる。聖武天皇を掣肘する、有能で有力な政治家が新たに出現しないということである。

疫病で多くの議政官が死去したのち、朝廷の頂点に立ったのは橘《たちばなの》諸兄《もろえ》である。天皇との血縁は遠いながらも元皇族で、葛城王《かつらぎおう》として政界にそれなりの活躍もしてきた。とりわけ母が県犬養三千代《あがたいぬかいのみちよ》という、後宮に一大勢力を持つ女性であり、かつまた藤原不比等へ再嫁した妻でもあって、具体的にどうであったかは不明ながらも、この母が葛城王の政界への進出に大きく貢献したことは疑いない。

ただしかし、この葛城王こと橘諸兄がさしたる政治的能力を持たなかったことも事実で、藤四子の突然の死去によって政権の頂点がまわってきた、というのが本当のところであろうか。実力で政敵たちを排除して手に入れた頂点ではないのであり、したがってその政治的能力には疑問が多い。それ故にこそ聖武天皇はその諸兄を差し置いて、自分の恣意に基づく権力を発揮できたのであって、換言すれば聖武を拘束し、また助言する、いわばブレーンがいなかったということになる。

聖武天皇の専制政治

そこで具体的に聖武天皇の置かれた立場と、聖武によって出された政策を考えてみると、いくつかの思い当たる節がある。

まずは、仏教政治ともいうべき施政方針である。仏教の古代社会に果たした役割を考えることは本書の課題ではないが、少なくとも聖武天皇は仏教を政治の基本に据えた。正直いって聖武はあまり政治的能力のあった人だとは考えられないとわたしは思っているが、ただ実に真摯・真剣に政治に取り組んだ天皇であったことは疑いなく、仏法の力を借りることによって事態の打開をはかろうとした。仏教を政治思想・政治哲学として利用しようとした、と言い換えてもよい。

その象徴は、大仏の建立であろう。最初恭仁京《くにきょう》時代に紫香楽宮《しがらきのみや》（滋賀県甲賀市）で建設がはじまったそれは、やがて平城京への還都とともにそこで完成する。それが現在の奈良東大寺の大仏なわけだが、この大仏建立という政治事業は当然巨大な出費をともなう。大仏建立に並行して行われたのは国分寺・国分尼寺の建立で、六十国以上の国々にそれぞれ二カ寺ずつを建設するわけだから、これも巨大出費となる。この時期はまだ桓武天皇はわずかな年齢であってその自覚はあったはずがないが、結局そのツケは奈良時代末・平安時代初頭の桓武天皇時代にまわってくることになるという点で、後世に影響を与えることになる。

これに輪をかけたのが、聖武天皇によるいわゆる〝彷徨〟であり、滝浪貞子氏の『聖武天皇の彷徨』に詳しい。太宰府での藤原広嗣《ひろつぐ》の反乱に恐れをなした聖武は、「朕《われ》、意《おも》うところ有るに縁りて」という勅を残して「関東」に行こうとした（『続日本紀』天平十二年十月壬午条〈二十六日〉）。むろんこの「関東」は本来のそれ、つまり不破関・鈴鹿関などの三関《さんげん》よりも東という意味である。

平城京を脱出し、広嗣逮捕後もそのままに〝彷徨〟を続け、平城京から伊賀・伊勢を経て美濃へ、不破関を通って近江、近江を南下して山背《やましろ》と、各所で短期の滞在を繰り返して行進は続き、ほぼ一カ月半後の十二月、今少しで平城京へ至る直前の位置にある山背国相楽郡《そうらく》恭仁郷《くに》に恭仁京（現・京都府相楽郡加茂町あたり）をいとなみ、ここに遷都した。

ここからが聖武天皇の彷徨、というよりも〝迷走〟で、聖武自身に確たる「正義」の信念があったことは疑わないが、恭仁京・難波京・紫香楽宮を造営し、さらにそれらを最後には棄ててまたもとの平城京へもどるという国庫浪費の結果は、これまた桓武天皇の時代にまでそのツケがまわり、桓武が取り組み、解決せねばならない課題として残されてしまった。

聖武天皇の業績を簡単に述べたのは他でもない、それが半世紀を隔てた桓武天皇に大きな課題を背負いこませたからである。歴史を生きる人間としての桓武天皇が、運命としてそこから出発せねばならないという意味での舞台の一つは、聖武の時代に形成されたのである。

山部王という名

ところで桓武天皇の実名は、山部《やまべ》という。皇子・王などの名は多くがその養育担当者（乳母）ないし養育担当氏族に由来するが、山部王（のち親王）の名は乳母であった山部子虫《やまべのこむし》に由来するといわれる。村尾次郎氏も「乳母の山部子虫にちなんでの命名である」とされるものの（『桓武天皇』）、その史料的な証明はしておられない。そこでこの点からまず検討をはじめたい。

たしかに乳母にちなむ皇族たちの命名は多いし、山部氏という氏族は現に存在し、桓武の実名の山部という名がこの氏族名によるものであることはまず疑いないだろう。それ以外に山部という名が選択される理由は考えられないし、すでに先行する山部王（系譜は不詳。?〜六七二）の名の例もある。

佐伯有清氏はこれを敷衍され、「皇子、皇女などの名は、乳母の氏名をとって命名されるのが当時の慣例で、桓武天皇の名、山部も乳母の氏名による」とされ、ウジナをとるのが一般的なことを主張された（「桓武天皇の境涯」『桓武朝の諸問題』所収）。そしてさらに一歩踏み込んでその乳母《めのと》の該当人物を山部子虫と特定された。その根拠は前述のように、(1)乳母の名をとるのが慣例であることと、(2)桓武天皇即位の直後に山部子虫が無位から従五位下に叙されていることとである（『続日本紀』延暦二年二月壬子条〈五日〉）。

この山部氏という氏族は、その名のとおり山林に関係する職務をいわば世襲し、山部（部民の一つで、山林の産物を貢納した人々）を統率する豪族として、その産物などを朝廷に貢納していた。そのために朝廷の主である天皇との緊密な関係が生まれ、やがては軍事・警察をもって天皇の身辺を支える軍事氏族となり、周知のように山門《やまもん》（後の陽明門）と呼ばれるようになる宮城十二門のうちの一つの門の守衛を担当する氏族となった。「もと天皇の食事に奉仕する氏族であったが、天皇側近に仕えることから軍事に関係を持つに至った」ものであろう（直木孝次郎『日本古代兵制史の研究』）。

ただこのような氏族の性格・特質が桓武天皇の時代まで続いていたかどうかは定かでないが、少なくともさまざまな史料にあらわれた当時の山部氏一族の人々に、軍事的な性格を見出すことはできない。養育された桓武天皇の幼年時代に、この氏族が影響をどれほど与えたかも不明というほかないのだが、伝統的な資質はともかくとして、山部氏という氏族の存在そのものは現実には桓武天皇に大きな位置を占めたとはいいがたいと思われる。

それでは乳母の山部氏の影響はまったくなかったのであろうか。この判断は難しいところで、桓武がいったいいくつまで乳母の庇護のもとで育ったかということとも関係する。桓武天皇の父の光仁天皇こと白壁王は、天智天皇の三世孫ではあるが、後述するように皇位とはまるで無関係の存在で、したがって主要な皇族たちと同じような幼年期を送ったかどうかは疑問が多い。むしろ一般貴族の地位に近いものであったかと思われ、だから山部の名は乳母からの名とはいうものの、少なくとも長期にわたる養育の結果ではないのかもしれないことに注意したいと思う。

ちなみに桓武天皇時代の山部氏は政治的にもさしたる勢力を持っていなかったようで、平城京・大和・遠江・播磨・出雲・豊後などに一族の分布が見られるが、先にも述べたように登場する人物にはヤマト政権時代のような軍事的な性格を示すものはない。桓武天皇の鷹狩り好きだったことや、また蝦夷戦争での軍略など、武的な性格や武断的判断を示す事象は多いが、どうも山部氏が乳母だったということから来るものではないようである。この氏族の女性ないし氏族自身が養育を担当したということと、桓武天皇の行動とは結びつかないように思われる。

生誕の地

桓武天皇の生誕の地については、考察の材料がない。この点について村尾次郎氏は大胆な推測をされ、生誕地を京都だとされた（『桓武天皇』）。これは後年の桓武天皇による長岡京・平安京遷都との関係で考察されたところに面白みがあり、検討すべき結論であることは疑いない。

村尾氏の論は、まず桓武の父の光仁天皇の白壁王《しらかべ》から始まる。この白壁とはすなわち白髪部《しらかべ》で、清《せい》寧《ねい》天皇（和風諡号《しごう》は白髪武広国押稚日本根子《しらかたけひろくにおしわかやまとねこ》天皇〈『日本書紀』〉）の私有民ともいうべき名代《なしろ》に由来するが、この白髪部という部民の分布は、東日本を主とするものの山城国にも見えており、要するに光仁天皇が白壁王と名付けられたのは山城育ちで、この白髪部を統率する白壁氏が白壁王の乳母だったのではないかというのである。

白髪部が京都に分布していたことは確かで、白壁王の父の施基《しき》皇子と山城地域との関係は確認できないし、施基皇子が自分のいくつかある居館のうちの一つを山背国内に構えていたかどうかも不明だが、和銅二年（七〇九）の藤原京時代誕生である白壁王が、大和に存在を確認できない白髪部にちなむ白壁王と名付けられたことからすると、あながち無理のある推測でもない。

そこでさらに論は進められ、村尾氏は桓武の母の高野新笠《たかののにいがさ》も京都の出身、京都の育ちとされる。その父の和乙継《やまとのおとつぐ》はその名からしても大和地域の豪族で、その乙継が何かの用務で山城国に行き、ここに拠点をもつ土師《はじ》氏の真妹《まいも》という一女性と知り合い、その間に高野新笠は「大枝村の土師の家で生まれ」、したがって桓武天皇は「母の実家である大枝の土師の家に呱々の声をあげた」という結論になる（『桓武天皇』）。当然この婚姻も長く別居であって、したがって新笠は母の一族の手元で育った、ということになる。これらの推測が当たっていれば、桓武天皇が京都を新首都の地に選び、遷都したことの謎が解けることは確かである。ただ推測の上に推測の加わった論であり、確証はないことにも留意が必要なように思われる。

2　皇統の常識

桓武天皇第一の幸運は、疫病の大流行期に生まれて、それに罹病することなく健康に乳幼児期を過ごせたことだが、第二の幸運は、即位できるはずのない皇統に生まれたにもかかわらず、ついには天皇に即位できたことである。むろん桓武自身がこれを幸運と認識し、幸福だと思っていたかどうかは分からないが、少なくとも誕生時には即位の可能性は限りなくゼロに近く、それが即位したわけだから、背後に相当なドラマがあったことが予測されるだろう。

天武系皇統の出現

奈良時代の皇統は、基本的に天武天皇の血を引く系統の皇族によってのみ世襲された。このきっかけはいうまでもなく壬申の乱で、その勝利の結果即位した天武天皇は強力な権力を背景に、天皇ということでいえば「万葉集」などに「大君は神にしませば」と称揚されるような天皇権を造りあげた。しかもしばしば称せられるように〝皇親政治〟を行い、自分の十人の皇子ばかりでなく、天智の皇子をも結集して、いってみれば普通の貴族・豪族と同じように皇族のミウチ権力を造りあげ、いっそう天皇権を強化することに成功した。そしてその天皇権は、天武天皇の子孫に世襲されることになったのである。若干そのプロセスをながめてみたい。

天武天皇の正統は、あらかじめ草壁《くさかべ》皇子と定められた。草壁は皇后鸕野《うの》皇女（のちの持統《じとう》天皇）との間の第一男子で、「懐風藻《かいふうそう》」に記されるように優秀な弟の大津皇子との確執もあったにせよ、正統であることは周知のことであった。皇太子となり「万機を摂《み》る」（『日本書紀』）、「万機を親《み》る」（『懐風藻』）など天皇代行に近いポストにつくが二十八歳で夭折、母の持統天皇が即位、孫の文武《もんむ》天皇の成長を待つことになる。もっとも、後にはわずか数歳での即位という幼帝も多くなるが、当時はほぼ三十歳代前半で即位するのが慣例であったから、たとえ二十八歳でも「夭折」という表現になるのだが。

正統であった草壁の子の文武天皇が即位するものの、これまた二十五歳で夭折、その母の元明《げんめい》天皇、伯母の元正《げんしょう》天皇と継承してやがて聖武天皇へ達する。これらはいずれも天武天皇の皇統に属する天皇である。むろん持統天皇・元明天皇は天智天皇の子だが、皇統ということでは天武天皇の皇后、草壁皇子の妃として即位したものだから明確に天武天皇系統に属し、藤原仲麻呂《なかまろ》の強権によって即位させられた、いわばイレギュラーな淳仁《じゅんにん》天皇をも含めて例外はない。ほぼ一世紀にわたって、壬申の乱の勝利を根拠とする天武天皇の子孫が、皇位を継承し続けてきた。

天智天皇子孫の動向

こうしたなかで、天智《てんじ》天皇系統の皇族の動向はいったいどうであったか。この皇統から天皇が再生産されない以上、時間が経てば経つほどこの系統に属する皇族たちは天皇との血縁関係が薄くなっていくわけで、ということは朝廷の中で占める役割も小さく、細くなっていくということである。当然経済収入も低下し、いわばジリ貧の状態に天智系統の皇族は追い込まれることになる。そこでその通りなのかを、光仁天皇・桓武天皇にいたるまでを史料にそくしてひと通り調査しておきたい。桓武天皇がどのような状況のなかで即位するに至ったのかを考察するうえで、重要な作業だからである。

とりあえずは「日本書紀」天智天皇七年二月戊寅条〈二十三日〉によると、天智天皇のもうけた子は、

大田皇女（天武天皇の妃）　蘇我石川麻呂の娘遠智娘の所生
鸕野《うの》皇女（天武天皇の皇后。後の持統天皇）　同
建《たける》皇子（「本朝皇胤紹運録」は建弭皇子）　同
娑羅羅《さらら》皇女　「或本」は蘇我石川麻呂の娘茅渟娘の所生
御名部《みなべ》皇女　蘇我石川麻呂の娘姪娘の所生
阿陪《あべ》皇女（後の元明天皇）　同
飛鳥皇女　阿倍倉梯麻呂の娘橘娘の所生
新田部《にいたべ》皇女（天武天皇の妃）　同
山辺皇女（大津皇子の妃）　蘇我赤兄の娘常陸娘の所生
大江皇女（天武天皇の妃）　忍海造小龍の娘色夫娘の所生
川島皇子　同
泉皇女　同
水主《もいとり》皇女　栗隈首徳万の娘黒媛娘の所生

施基皇子　　　　　　　　道君伊羅都売の所生
伊賀皇子（大友皇子）　　伊賀采女宅子の所生

の十五人、男子が四人、女子が十一人ということになる。

この内、最も早くに史上に登場したのはいうまでもなく大友皇子で、天智天皇の後継者としてその最晩年の天智天皇十年（六七一）、蘇我赤兄《そがのあかえ》左大臣・中臣金《なかとみのかね》右大臣、それに蘇我果安《はたやす》・巨勢人《こせのひと》・紀大人《きのうし》が御史大夫《ぎょしたいふ》という体制の頂点に「太政大臣」として任命され（『日本書紀』天智天皇十年正月癸卯条〈五日〉）、「百揆を総《す》」べ「万機を親《み》る」とあるごとく（『懐風藻』）、国政の大権を手中に収める、いわゆる「摂政」としての大友皇子体制が出発した。壬申の乱の敗北までこの体制が続くことになる。

鸕野皇女は天武天皇の皇后、阿陪皇女は草壁皇子の妃、大田皇女・新田部皇女・大江皇女はいずれも天武天皇の妃、山辺皇女は大津皇子の妃と、ともに天武天皇とその皇子の皇妃で、これらの人物は、「血縁」は天智天皇系統であっても、皇統ということでは天武天皇系に属する。

問題になる天智天皇系の人物は、まず桓武天皇の祖父にあたる施基皇子だが、天武政権初頭の有名な天武天皇八年（六七九）の吉野会盟では、草壁・大津・高市《たけち》など天武天皇の皇子とともに序列六位に列せられている（『日本書紀』天武天皇八年五月乙酉条〈六日〉）。しかし彼の最高位は二品《にほん》で、天武天皇の諸皇子の中で序列最低の新田部《にいたべ》皇子すら一品《いっぽん》であるのに比べ、母が地方豪族道君《みちのきみ》氏出身であることを考慮しても、明らかに低位である。

目立った活躍があった天智天皇の皇子は、川島皇子であろう。やはり母が地方豪族の忍海造《おしぬみのみやつこ》氏出身であったが、吉野会盟では天武皇子の忍壁《おさかべ》皇子をしのいで序列四位に位置付けられ、また忍壁皇子や諸王・諸臣とともに「帝紀及び上古の諸事」の「記定」にあたるなどした(『日本書紀』天武天皇十年三月丙戌条〈十七日〉)。ただ最高位は浄大参《じょうだいさん》(のちの律令制度官位制の正五位に該当)にとどまり、決してこれも高い地位とはいいがたい。

またこの皇子は、大津皇子の謀反事件に深く関わった。「始め莫逆の契り」の友となるものの、大津皇子が謀反を試みたときに川島皇子は「変を告」げた、すなわち密告にちかい行動をとったという。「朝廷其の忠正を嘉《よ》みすれど、朋友其の才情を薄みす」とあるごとく、朝廷への忠誠はあったが友人の情愛に反するのではないかという、好悪の評価の分かれる行為であったらしいが(以上は『懐風藻』)、結局は大津皇子を裏切って天武天皇側、具体的には持統天皇・草壁皇子の側にくみしたわけである。

少なくとも天智天皇の皇子の世代には、天智系としての皇統意識というかアイデンティティは、施基皇子をもふくめてあまりないように見える。第三世代以後になっても事態は変わらないようで、通説のごとく天智天皇系皇族は天武天皇以後、いわば逼塞を余儀なくされていたといえそうである。つまりは桓武天皇も、即位の可能性のまったくない時代背景で誕生したことがここでも確認できる。

施基皇子の生涯

そこで次に、光仁天皇の父である施基皇子の生涯と時代を検討してみたい。桓武天皇生誕の天平九年(七三七)にはすでに故人となってはいたが、皇子は霊亀二年(七一六)の死去で、その子の白壁王はまだ八歳であった。むろんまだ歴史の表舞台に登場はしていないし、若年で父施基皇子が死去したことは、政界での活躍に不利になりこそすれ、有利な要素ではむろんなかった。白壁王は、天智天皇系という当時の天皇とは遠い皇統に生まれたことと、幼少期で父の庇護に頼ることができなくなったということで、二重に不利な条件にさらされることになった。桓武天皇が最終的には即位にいたるのは、こうした状況から即位への道筋を父光仁天皇がまずはつけたからであり、皇位ということではその先鞭は光仁にある。本来あるはずのなかった即位へいたるのは父が即位したからであり、その光仁天皇の即位の背景をまず施基皇子を通じて探ってみねばならない。

施基皇子は名を志貴（『万葉集』など）・芝基（『日本書紀』など）・志紀（『続日本紀』など）とも表記し、天智天皇の第七皇子にあたり、母は「越道君伊羅都売《こしのみちのきみいらつめ》」であった（『日本書紀』天智天皇七年二月条）。道君氏は北陸方面の豪族で、「郡司」とも見えている（『日本書紀』欽明天皇三十一年四月条）。伊羅都売の名は他に見えないが、まず采女《うねめ》であることは疑いなく、史上に例の多い側近にはべる地方豪族出身の美人女性が、天皇に見初められてその間に子女をもうけるというパターンである。当時の通例から考えて、この地方豪族という卑母の出身であることは、施基皇子の生涯に大きく影響を及ぼしたものと見てよい。

生年は不詳だが、前に触れた天武天皇八年（六七九）の吉野会盟に加わっており、この時にそれなりの年齢に達していたことは疑いない。足跡は特に目立ったものはなく、封戸の支給、「撰善言司」への任命、天武天皇の葬送に参画、文武天皇の殯宮《ひんきゅう》に奉仕、といった些事・軽職にとどまり（『日本書紀』『続日本紀』）、霊亀二年（七一六）の死去時には二品であった。天武天皇の皇子に比べればその地位も活躍度も低く、のち田原天皇と追尊されるものの、政治的に見るべきものはないというところであろうか。

この皇子の見るべきものは、歌人としての生涯である。「天智天皇の諸皇子・諸皇女のうちで最も勝れた歌人」（金子武雄「天智天皇の諸皇子・諸皇女」『万葉集大成』九所収）であるかどうかはわたしには判断がつかないが、

采女《うねめ》の　袖吹きかへす　明日香風《あすかかぜ》　京《みやこ》を遠み　いたづらに吹く　（巻一―五一）
石走《いわばし》る　垂水《たるみ》の上の　さわらびの　萌え出づる春に　なりにけるかも　（巻八―一四一八）

は人口に膾炙《かいしゃ》している。これをあわせて合計六首が「万葉集」に採録されていて、多いとはいえないが珠玉の歌を残した。

白壁王の登場　さて、白壁王はこの施基皇子の第六子であり、母は名族紀《き》氏の出身で諸人《もろひと》を父とする紀朝臣橡姫《きのあそんとちひめ》である。この時代すでにたしかに紀氏はヤマト政権時代の往年の輝きを失ってはいたが、伸張著しい藤原氏に対抗する、大伴・佐伯氏などとならぶ氏族としての勢力はそれなりに保持していた。父を失った白壁王のこの昇進にはこうした紀氏の勢力があったように思えるが、確証を見付けることはできない。しかし天平十五年（七四三）に参議となった麻路《まろ》（二十一年に中

納言）、天平勝宝八年（七五六）に死去した麻路に替わって同九年に参議となった飯麻呂《いいまろ》（天平宝字六年死去）、飯麻呂死去後十年ほど公卿を出すことはなかったが、光仁天皇下の宝亀六年（七七五）に麻路の子の広庭《ひろにわ》が参議に、同九年に死去するも十一年には広純《ひろずみ》が、すぐにこの広純は死去するものの翌年には船守《ふなもり》と、さらにその翌延暦元年（七八二）には家守《いえもり》が参議になって、紀氏一族から同時に二人の議政官、つまりは閣僚を出すほどの勢力をこの氏族は持っていた（「公卿補任」ほか）。ヤマト政権以来の伝統といわれる一氏族一公卿という、慣例的な数以上の公卿を出せるだけの勢力を保っていたことは疑いなかろう。

天平宝字六年に飯麻呂が死去してのち、しばらくは紀氏から議政官を出していないことを考えると、この光仁・桓武天皇朝でのあいつぐ紀氏の出世は、ただその血を引く光仁天皇が即位したからだけではなく、光仁天皇を政界に送り出すのにこの氏族の力があったと考えるほうが合理的なように思う。紀氏というと紀貫之《きのつらゆき》からすぐに文化人の家系を想像してしまうが、それは大伴家持《おおとものやかもち》から大伴氏を文化人家系と判断するのと同じく、まったくの誤りである。

すでに述べたように父施基皇子薨去の時に白壁王はわずか八歳、庇護者を幼少年期にして失っていたことになる。しかしその叙位・任官などの様子を見ると、必ずしも低い地位に置かれていたとはいえないようにも思われる。白壁王の初叙は天平九年（七三七）、二十九歳のときのことだが、無位からいきなり従四位下に叙されている（「続日本紀」）。しかも天武系の新田部皇子の子の道祖王《ふなど》と同時のことで、この道祖王はのち皇太子に立っていることから、白壁王もそれと同列に遇されていたということになるだろう。白壁王はたしかに天智系ではあったが、三世王として決して低くは扱われていなかった。

以後の昇進過程を見ても、同十八年に従四位上、天平宝字元年（七五七）に正四位下、同二年に正四位上、同三年に従三位とほぼ順調に進んでいる（『続日本紀』『公卿補任』）。同四年には光明皇太后が崩御、その葬儀には山作司・前後次第司として従事、この功績のゆえか同六年には中納言となって廟堂に列した。しばらく後の藤原仲麻呂の乱での活躍は明確ではないが、天平神護元年（七六五）には勲二等に叙されており、勲位は軍事的な功績があった人物に与えられるものだから、乱の勃発したのと同日の天平宝字八年九月十一日に正三位になったことと考えあわせて（『続日本紀』天平宝字八年九月乙巳条〈十一日〉）、白壁王が反仲麻呂側勢力に立ったことを示すものである。反藤原的態度の多かった紀氏と白壁王の関係をもしのばせて、興味深い。このあたりは推測の範囲を出ないが、光仁天皇と紀氏との関係は、桓武天皇と渡来人との関係に似てかなりに密接だったように思われる。想像をたくましくすれば、父を早く失った白壁王は、外戚の紀氏の庇護のもとでその前半生を全うしたものとしてよいだろう。

そして神護景雲四年（宝亀元年・七七〇）八月、運命の時を迎える。時に白壁王は大納言・正三位、左大臣藤原永手《ながて》・右大臣吉備真備《きびのまきび》に次ぐナンバースリーの地位で、称徳女帝の崩御、道鏡政権の瓦解という激動に直面するところとなったのである。

第二章　奈良時代から平安時代へ

1　父の光仁天皇

称徳女帝の崩御

神護景雲四年（宝亀元年・七七〇）八月、称徳《しょうとく》天皇が崩御、同時に道鏡政権も崩壊した。この称徳天皇は女帝で、しかも生涯結婚することはなかったので子もなく、したがって皇位を継ぐべき血縁の近親者的人物も見いだせなかった。ために道鏡を皇位に就けるべく画策をするのだが、和気清麻呂《わけのきよまろ》の、実際にはその背後にあった藤原氏勢力の妨害で実現せず、失意のうちに崩御となる。巷間、道鏡自身が即位を目指して称徳天皇に働きかけ、これを忠臣・功臣の和気清麻呂が阻止したとされるのだが、わたしの考えでは逆に称徳天皇が主人公で、寵愛する道鏡を皇位に就けようとしたものと見るが、ここではこの点については論の外とする。

称徳天皇の崩御の状況については『続日本紀』に記載があり、「天皇、西宮の寝殿に崩ず。春秋五十三」と記している（「続日本紀」宝亀元年八月癸巳条〈四日〉）。称徳天皇は道鏡を厚遇するものの、自らが後継者指名を主導するためと思われるが、早くに皇太子擁立運動を厳しく戒めた経緯があり（同書天平宝字八年十月丁丑条〈十四日〉）、我が子がないこととあわせて、後継者を指名しないままの崩御であった。むろん指名がなされ、皇太子が立てられたところで即位にすぐに結びつくわけではないが、少なくとも指名がないということは後継者争いは完全な自由競争にまかされたということになる。奈良時代の政権はいずれも十年と維持されたことはなく、わずかに例外は橘諸兄《もろえ》政権のみだった。激烈な紛争が起こることは誰の眼にも明らかで、事実その通りになる。

白壁王の態度

白壁王はいまだ即位への道は遠かったころ、「童謡」（わざうた）、すなわち童子の歌う歌に託しての風刺があったという。それは以下のようなものであったと記されている。

葛城寺の前なるや　豊浦《とゆら》寺の西なるや　おしとどとしとど
桜井に白壁しづくや　好《よ》き壁しづくや　おしとどとしとど
然《しか》しては国ぞ昌《さか》ゆるや　吾家《わぎえ》らぞ昌ゆるや　おしとどとしとど
（「続日本紀」光仁天皇即位前紀）

というものである。桜井の「井」は井上《いのえ》内親王、「白壁」は白壁王を実名とする光仁《こうにん》天皇のことで、天皇に即位することの前兆であったと史料は述べている。童謡は往々にしてこうした何らかの重大なできごとの予兆・前兆として「日本書紀」「続日本紀」に数多く見えているから、ここでもこの童謡があったということは、かなり以前から光仁天皇即位が噂にあったということを示すことになる。

またさらに光仁天皇は即位以前から、

勝宝より以来、皇極弐《つ》ぎてなく、人彼此《ひし》を疑いて、罪《つみな》い廃せられる者多し。天皇、深く横禍の時を顧みて、或いは酒を縦《ほしいまま》にして迹《あと》を晦《かく》す。故を以て害を免ること数《あまた》なり。（同前）

ともあって、後継者が容易に定まらず、皇族たちが「彼此」を疑い、失脚したり横死したりする者が多かったという。それに巻き込まれることを避けんがために酒に溺れたふりをしたというのだから、この記事もまた白壁王が最初から自分自身の即位、そこまでは言いすぎだとすれば新天皇の擁立の有力勢力としての道が決して閉ざされていなかったことを物語っている。

即位への影響力がなければ、こうしたいわば隠密行動をとる必要はない。通説ではたしかに天智天皇系に属していた光仁天皇の即位の可能性は低いことになっているのだが、これらの記載からするとこの通説は再検討が必要なようにも思われる。「横禍」を心配して酒に呑まれたふりをせねばならないほどに、皇位は近い存在、つまりは政争の渦中に巻き込まれやすい位置に白壁王はいたのではないか。でなければこうした偽装策が必要なはずはないからである。

じっさい、天平勝宝年間（七四九〜七五七）ころから、皇位はきわめて不安定な状況にあった。「勝宝より以来」が聖武天皇の皇太子であった道祖王の廃太子事件と、橘奈良麻呂《ならまろ》による孝謙天皇の廃立計画などを指すことは明らかで、これ以後、仲麻呂の乱の際の藤原仲麻呂による塩焼王《しおやきおう》（新田部親王の子、天武天皇の孫）の天皇への偽立、また仲麻呂の失脚による淳仁天皇の廃立、加えて和気王《わけおう》（舎人親王の孫、天武天皇の曾孫）の謀反、それに県犬養姉女《あがたいぬかいのあねめ》の巫蠱《ふこ》事件と、たて続けに皇位をめぐる紛争が勃発している。これらの事件で名の確認できる人物は、たしかにいずれも天武天皇系の皇統ばかりで、白壁王はこれらの事件に単なる関係者として誘い込まれるのを避けたのだと推測するのが一般的だが、白壁王にも即位への道があったためと解釈することも可能なように思われる。そう考えると「酒を縦にして迹を晦す」とまでいう異常・異様な状況に説明がつくし、また実際、後年に白壁王が皇位に就いたことは間違いないのだから。

白壁王の即位へ

桓武の父の白壁王の即位事情については、数多くの考察がある。時は奈良時代から平安時代への過渡期にあり、その過渡期を生きた人物像としての光仁天皇・桓武天皇に分析の手は古くから及んでいた。しかも光仁天皇の即位は皇統に大変化が起こった象徴として扱われているという、いわば一種の先入観もあって、その激変を起こさしめた原因の追求が種々加えられてきた。ここでも本来即位するはずのない白壁王が即位にいたった状況を、史料に即してとりあえずは素直に謙虚に、少し詳細に考察してみたい。

本来は即位にいたるはずのない白壁王が、即位にいたる事情はそれほど明らかではないのだが、根本の史料は当然「続日本紀」であろう。そこにはすでに述べたように白壁王こと光仁天皇が慎重に身を処してきたことが述べられ、宝亀元年八月四日の称徳天皇崩御後にその「遺」（遺言）によって皇太子に立てられたことを記している（「続日本紀」光仁天皇即位前紀）。

称徳天皇が崩御した八月四日、左大臣藤原永手・右大臣吉備真備《きびのまきび》・参議藤原宿奈麻呂《すくなまろ》・同藤原縄麻呂・同石上宅嗣《いそのかみのやかつぐ》・近衛大将藤原蔵下麻呂《くらじまろ》らの公卿たちが「禁中」（宮中・皇居）に「策」を定め、称徳天皇の「遺宣」、つまり遺言によって白壁王を皇太子にしたという（「続日本紀」宝亀元年八月癸巳条〈四日〉）。この時の議政官の全員の賛成というわけではないが、とにかくも政権の合意によって新皇太子を立てたことになる。

その理由も明記されており、白壁王が新皇太子になったのは、(1)「諸王の中に年歯《ねんし》も長」ということと、(2)祖父にあたる「先帝の功」、すなわち先祖の高い業績の有るがゆえ、という二点においてだという。「年歯も長」というごとく当時白壁王は六十二歳で、むろん当時の皇族・貴族の平均寿命をかなりに越えた高齢の皇族であった。「先帝」こと天智天皇の「功」の縁につながるということでは他にも皇族がないわけではなかっただろうが、「年歯が長」というのは越えがたい、争いがたい要素で、白壁王が皇太子になるについて他の候補を排除する絶対的なものであったといってよい。

業績とか評判とかになると見方によって様々な評価が可能であり、競争にさらされる。しかし年齢が長じているということは越えがたい、比較しがたいものであって、高齢の白壁王をもってきたのは、新皇太子争いがいかに激しかったということでもあろう。山部王こと後の桓武天皇もすでに成人しており三十四歳、白壁王には正妃である井上内親王との間に他戸《おさべ》親王がいたから、山部王に即位の可能性はまだまったくなかったけれども、父の即位をめぐる紛争を間近に見ていたことは疑いない。

奇妙な伝承

この白壁王即位の事情については中川収氏の浩瀚な研究と学説整理があるが（『奈良朝政治史の研究』）、正史である「続日本紀」とは別に「日本紀略」に奇妙な叙述が残されている（同書宝亀元年八月癸巳条〈四日〉）。すなわち藤原百川《ももかわ》の「伝」を引用して、最初に称徳女帝崩御に関する猟奇的記事を掲載してのち、

皇帝遂に八月四日崩ず。天皇平生未だ皇太子を立てず。此に至りて右大臣真備等論じて曰く「御史大夫従二位文室浄三《ぶんやのきよみ》真人、是れ長《なが》親王の子なり。立てて皇太子となさん。」と。百川、左大臣（藤原永手）・内大臣（藤原良継）と論じて曰く「浄三真人、子十三人あり。後世をしくに何とせん。」と。真備等都《すべ》てこれを聴かず。浄三真人を冊して皇太子と為さんとするに、浄三確辞す。仍《よ》って更に其の弟参議従三位文室大市《おおち》真人を冊して皇太子と為すに、またこれを辞す。百川、永手・良継と策を定めて偽りて宣命の語を作る。宣命使庭に立ちて宣制せしむ。右大臣真備舌を巻きて如何《いかん》とするなし。百川即ち諸杖に命じて白壁王を冊して皇太子と為す。十一月一日壬子、大極殿に於いて即位す。右大臣吉備乱じて云うに「長生の弊、還《かえ》ってこの恥に遇う」、と。致仕の表を上《たて》まつって隠居を表す。

と述べている。正史である「続日本紀」に省かれた出来事が「日本紀略」に書き留められたと考えられ、たとえば藤原薬子の乱と藤原種継関係記載の加除に見られるような「続日本紀」編纂の複雑な事

情（『日本後紀』弘仁元年九月丁未条〈十日〉など）、また「百川伝」といういわば私的史料の掲載であることなども考慮せねばならないにしても、そこに記載されている内容は、多くが結論のみを淡白に記す正史の欠を補ってあまりあるといってよい。

『続日本紀』では称徳天皇の「遺宣」「遺」が決定的な意味を持ち、後継者は定められたという。このことは『水鏡』にも詳細に見えていて、この書の性格上そのままに史実とは断じられないことはむろんにしても、長く百川の功績が伝えられ続けたことは重要で、他の記事と重ね合わせて光仁天皇即位に百川の果たした役割の重要さは疑いないだろう。

で、これら史料の中で語られているのは、まず「遺宣」「遺」、また「宣命」が偽って作られたものであるという点である。たしかに後継者天皇の決定は極めて困難な課題で、古来それにより混乱が起こったことは再々ならずあったことがそれをよく示す。例についての検討は省略するが、たとえば推古天皇の後継者問題は、その崩御の直後に揉《も》めにもめた（『日本書紀』舒明天皇即位前紀ほか）。皇太子であった聖徳太子が推古天皇より先に死去したことも作用してはいるが（ただし「皇太子」の地位が当時にあったかは疑問だが）、この時の最高実力者であった蘇我蝦夷すら裁定・決定できないほどの事態であったことはよく知られている。称徳天皇の崩御でも同様の事態が出現したのではないかということが、容易に推測できる。少なくとも天武系に適当な後継者候補がいなかったというような、単純な事態ではなかった。

遺言の偽作は、このような中で行なわれたことに注意が必要であろう。最終的には利益をわが物とする人間によって企図されたと考えるのが当然だが、その議論はここでは措くとして、当然とはいえ偽作したのが——そこまで言わないにしても偽作を主導したのが——、藤原百川であることをまず押さえておく必要がある。

少し戻るがこの時に問題になったのは、右大臣吉備真備ら一派と、左大臣藤原永手・内大臣藤原良継、それにまだ参議に達していなかったが辣腕の百川《ももかわ》らを含めた一派との政論の対立である。意見の相違は明確で、真備たちは後継天皇としてすでに臣下に下っていた文室浄三《ぶんやのきよみ》（天武天皇の孫で、長親王の子）を第一候補として推薦した。「真備等」とあるごとく右大臣吉備真備を中心とする貴族連合ともいうべき勢力が背後にあったことは確かで、政界全体のおそらくは長年にわたる対立が背景にあったと思われる。

これに対して百川一派は、文室浄三を立てるのはいいけれども、浄三には十三人の子供がおり、浄三「天皇」の後の後継者を定めることが課題となったときに混乱が起こるではないかという疑問を呈した。疑問にならない疑問だが、そうこうするうちに百川たちの手がまわったのあろうが、浄三本人が皇太子になることをみずから辞退してしまう。替わってその弟の大市《おおち》を候補とするもののこれまた本人が辞退し、次々と候補が自ら退くうちに、結果として白壁王が皇太子になるということとなった。百川たちが何か能動的な白壁王の擁立工作をしたとかいうのでなく、候補となる相手のほうを次々に葬りさっていったのであって、結果として白壁王しか残らない状態を作り出したのである。実にうまい方法で、正妃の子でない山部王にはまだ即位の可能性はまったくなかったが、仔細にこの事態の進行を見守っていたことであろう。

このような事態の進行に合わせて、百川は遺言の偽作をしたのである。いわば錦の御旗で、後継者候補をつぶし、並行して同時に自分の推薦する候補を少しずつ押し上げてゆく、という常套手段を用いた。であるが故に吉備真備はその百川の辣腕ぶりに舌を巻き、彼をして長生きはしたくないとまで言わしめたのであり、結果致仕・引退するに至った。政治家としての百川の能力の然らしむるところを語ってあまりある。

皇位と白壁王

このプロセスが結局は桓武天皇の即位と政権運営にまで尾を引いて続くのだが、この光仁天皇擁立運動の特色は何か。一見藤原氏の結合した派閥勢力の勝利のように語られるが、はたしてそれは事実か。

すでに述べたように、白壁王は即位以前には酒に「迹を晦《かく》」していたといい、また「龍潜の時」、すなわち単なる一皇族に過ぎなかった時代から即位を予想させる「童謡《わざうた》」が歌われていたともいい、総合して考えてみると白壁王はポスト称徳天皇の決定に大きな影響力を持っていたか、あるいは本人自身が有力候補であったことが分かる。白壁王が天武天皇系でないことは確かだが、そして壬申の乱以後の皇統が天武系で継続されていたことも確かだが、天武系でなければ皇位に就けないという先入観はどうも再検討が必要なようで、天武系で世襲されているという「事実」を、ただちに天武系でないと即位できないという「原理」にまで拡大するのは問題なように思われる。

そう考えると次に検討せねばならないのは、白壁王を即位に至らしめた背後勢力の問題である。当

藤原百川墓（京都府相楽郡木津町相楽）
百川は，死後に南山城に墓地を賜り，埋葬された。
手前左は夫人の墓と伝える。

時の皇位が一皇族の個人的な努力や能力によって手中にできるものでないことは明らかで、それを支える背後勢力が必ずや存在した。それは天武天皇系か天智天皇系かといった要素とは別のもので、どの皇統に属しようが政治権力の執行にあたる場合に必須のものであった。

史料に素直に従うかぎり、やはりここは藤原百川を中心とし、これに右大臣藤原永手・内大臣藤原良継たちを加えた藤原氏勢力を、光仁天皇擁立のバックボーンと考えるべきであろう。

そう判断する理由は、まず吉備真備の存在からである。吉備真備は地方豪族出身であったが、「高野《たかの》天皇これを師とし、礼記《らいき》・漢書を受く」（「公卿補任」天平宝字八年条）とあるごとく学識も高く、ために称徳天皇の寵愛を受け、側近勢力を形成した。特に個性のある人物ではなかったらしいが、称徳天皇の後継者問題には進んで発言し、「単独で己れの意見を積極的に主張したことはこの事件一つに限られる」と評価されるくらいであった（宮田俊彦『吉備真備』）。称徳天皇の「遺宣」がなければ、正統な後継者論議では真備の発言力がおそらくは強く、上席の左大臣に藤原永手がいはしたけれども、右大臣であることに合わせて七十六歳という長い経験をしめす年齢もあって、真備の発言は重みを増すことになったのでないか。この真備を中心とする勢力との対抗とその打破が、まず必要な光仁即位への前提条件であった。

さらにいえば、大伴家持の策謀事件の際の状況も注意される。これも詳細についてここで触れる必要はないが、延暦四年（七八五）に起こったこの事件は大伴家持が企図したクーデター計画である。その内容は興味深く、「大伴家持相い謀りて曰く、『大伴・佐伯両氏を唱《いざな》いて以て種継を除くべし』」というものであった（『日本紀略』延暦四年九月丙辰〈二十四日〉条）。実際この計画に参加した人々はほとんどが非藤原氏で、つまりは藤原氏が大勢力として当時の政治の表舞台に立ち、その周辺に諸貴族たちが分散して群がっていたことが分かる。藤原四家が微妙に分離し始める時期ではあったが、反対勢力に対しては藤原氏として一致団結して対抗するだけの結合力をまだ保持していたのである。白壁王擁立に藤原氏が結束するのは、ありうることだった。

今ひとつの根拠は、百川への光仁天皇の信任ぶりである。百川は宝亀十年（七七九）に四十八歳で死去したが、その薨伝《こうでん》には、

天皇甚《はなは》だこれを信任し、委《ゆだ》ねるに腹心《ふくしん》を以てす。内外の機務関知せざるなし。

（『続日本紀』宝亀十年七月丙子条〈九日〉）

と記されている。光仁天皇がいかに百川を信頼していたかが理解されるが、これほどまでの関係が成

立したのは、皇位をめぐる紛争にいつ巻き込まれるか分からないほどに緊張した政界にあって、彼が終始光仁の補佐と後援にあたったためと考えるほかない。後に検討するが光仁の後継者として山部王を定めるときにあっても決定的な役割を百川は果たしており、光仁・桓武朝の成立にとって、藤原百川を中心とする政治勢力の占めた位置はきわめて大きかったのである。

奈良時代の政権抗争

藤原百川を中心とする藤原氏という氏族集団が、奈良時代末という時代にあって、血をもってのみつながる血縁集団であることを超えて、政治勢力としての機能を持つことについて考えておかねばならない。

すでに述べているようにヤマト政権時代には、一つの豪族がそれぞれ一人のいわば代表者を出して政権を運営していたと考えられている。ヤマト政権「畿内豪族連合政権」論であり、その名残りは奈良時代の議政官構成にもみとめられ、例外はあるもののたしかに原則として一貴族一議政官であった。いわば各貴族が合同で、律令国家政権の運営にあたっていたらしい。

事実、「公卿補任」などによれば、ある貴族から出ていた議政官が死去すると、旬日を経ずして同一の氏族から交替の議政官が送り込まれていることが多い。それぞれの氏族が、血縁を基礎としながらもそれを超えて一種の政治勢力・政治集団として存在するのは、ヤマト政権以来の伝統といえよう。だから、新興貴族として中臣鎌足をもって藤原氏が誕生した時、必然的にこの氏族も政治的な存在であることを必須の要素とした。むろん、どの政治勢力も中に対立関係というか、不安定要因をかかえてはいるが、とにかくも一族が集団として行動する方が有利であることは疑いなく、藤原氏も、利益を同じくする藤原氏以外の貴族たちをも含み込みながら、政治的結合を強く保持してその歴史を刻んでいった。

奈良時代の政治史は、端的に言えば藤原氏がその勢力を伸ばしてゆき、それに対して他氏族が連携しながら対抗する政治勢力を形成して、たがいに政争を繰り返すという過程をたどった。既に述べた大伴氏・佐伯氏の同盟関係がその典型だが、奈良時代初期は藤原不比等《ふひと》が政権運営の中軸に据わり、その死後は長屋王政権へ、ついで不比等の四子が成長して政権を奪取、疫病で四子がともに死去後は橘諸兄の比較的長期の政権運営がなされ、その後には武智麻呂の子の仲麻呂政権、さらにその謀反・失脚後は称徳天皇・道鏡政権、と藤原氏と非・反藤原氏連合とが交替に政権を握ってきたのである。のちにさらに触れることになるが、その間は諸兄政権の二十年間を除くとほぼ十年弱で、最終的には平安時代の藤原氏全盛時代になるわけである。非常に大雑把な言い方だけれども、奈良時代百年間は藤原氏がその勢力を拡張し、それを非・反藤原氏連合がつぶし、さらに次には藤原氏がまた取り戻すという繰り返しだったと総括できる。

こう見ておおむね誤りないとすると藤原百川の行動と活躍は、その背後に藤原氏という氏族集団・政治勢力を持っていたことが重要で、逆に百川のほうもこの氏族集団の利害関係に拘束されての行動・活躍ということになる。「氏族」という存在が、血縁に基づく今でいう親戚・家族などではなく、一種の政治勢力であることを見逃してはならないこととあわせて、百川一人を英雄視してはならないのであり、称徳天皇・道鏡政権という非・反藤原氏政権への反発の中で、百川たちに支えられた光仁・桓武政権は、時代の流れのなかで、生まれるべくして生まれた政権と見ることができるのである。

2　天智系「新王朝」の成立

光仁天皇と王朝意識

光仁天皇は、ほぼ百年ぶりに現われた天智系皇統、正しくいえば天智天皇の子孫の血を受けた天皇である。壬申の乱以後、天皇の皇統は天武天皇系統の皇族ですべてが世襲され、例外はない。持統天皇は天智天皇の娘だし、元明天皇も同様だが、持統天皇は天武天皇の皇后として、また元明天皇は草壁皇子の妃として即位にいたったものであり、皇統ということではともに天武天皇系に属する。

この百年続いた皇統継承原理は光仁天皇によってくつがえされ、新たに天智天皇の子孫に皇統は移り、そしてそれは現在の天皇・皇族にまで及んでいる。

これはたしかに事実なのだが、はたしてこれが「皇統の天武皇胤の観念が定着していた」ということであり（中川収『奈良朝政治史の研究』）、また「皇統が天武系から天智系へと交替する、言わば『王朝交替』『新王朝』の幕開け」（中西康裕『続日本紀と奈良朝の政変』）だとまでいえることなのかどうか。「王朝」という概念をどう規定するかにも関わるが、ここまで言わないにしても、「天武天皇系の皇統にかえて光仁天皇を擁立することによって皇嗣問題を清算し、新たな体制のもとで律令政治を再建することを企図した」（笹山晴生「平安遷都」『日本歴史大系』1 所収）ことは事実なのだろうか。

わたし自身もこのように言いもし、文章にしもしてきたのだが、史実・事実として、近代的な血縁というかＤＮＡ的な意味として、天武天皇系から天智天皇系に変化したことは疑いないが、新しい王朝の誕生という、王朝革命にも等しい思想的背景を持つものかどうかをここでもう一度検討してみたい。桓武天皇の生涯とその業績を考える場合、彼が何を前代から受け継ぎ、何を新たに築いたのかを評価するためにぜひとも必要な過程だと思うからである。

そこにせまる方法は二つ、一つは光仁天皇やまたその政権を支えた人々に新王朝意識があったか、二つは光仁天皇朝に行なわれた政治にそのような画期性が史実としてあったか、である。いずれにしても桓武天皇がこの過程に官人として、また皇太子として参画していたことは疑いなく、その行動や思想の上に影響を受けていたこともまた疑いない。桓武天皇自身に新王朝意識があったことは確実だから、その意識が前代の光仁天皇からの継承か、それとも桓武天皇が創出したオリジナルなものかという、桓武の人物像に直接関わるかなり重要な課題であろう。

この点について興味深い論を出されたのは、吉川真司氏である（「後佐保山陵」『続日本紀研究』三三一号所収）。通説に棹差して、むしろ光仁天皇と桓武天皇の断絶を強調されており、光仁天皇は「前代以来の公卿層とも融和的であり、専制君主らしい相貌は窺えない」とされ、一方桓武天皇については「光仁天皇の寵臣」の藤原魚名《うおな》を追放するなど「天武—聖武系皇親や前代の重臣との激しい権力闘争を繰りひろげた」と主張される。普通〝光仁・桓武朝〟と通称され、その協調性・同一性が強調されるのに対し、その間の断絶性に注目した考察になっている。

氏の論は短いながらも仔細かつ周到で、説得性に富む。そこでここでは光仁天皇朝の政治の在り方について考えてみたいと思う。はたしてそれは前代の、つまりは称徳天皇・道鏡政権とどう異なり、またどう同じか、そしてその政治は桓武天皇朝に引き継がれたのかどうか。

奈良時代政治の時期区分

光仁天皇朝は即位の宝亀元年（七七〇）十月から、桓武天皇即位の同十二年（天応元年・七八一）四月までの十二年間にわたるが、この間の政治的性格を考える場合、まず最初に留意しておかねばならないのは、奈良時代という時代の持つ特質であろう。多少散漫な考察になるし、かつすでに略述しているのであるが、桓武天皇政権の前提として再度ここでも触れておかねばならない。

奈良時代七十年間の政権運営は、まず藤原不比等からはじまる。むろんこの時期、桓武天皇はまだ生れてはいない。不比等は最晩年の数年間を右大臣にまでいたって政治を主導したが、養老四年（七二〇）に死去、政権の主軸は長屋王に移る。長屋王は右大臣から左大臣に昇進して廟堂の首班となるものの、藤原氏の攻撃により天平元年（七二九）に「左道《さどう》」を試みたという謀反の疑いにより失脚した。「左道」はよく分からないが、のちに述べる「巫蠱《ふこ》」などと同じく、邪法・妖術の類であろう。要するに体制の転覆をはかったものである。

これに替わり不比等の四子の武智麻呂《むちまろ》・房前《ふささき》・宇合《うまかい》・麻呂《まろ》が進出、それぞれに優秀な能力の持ち主ということもあって、義弟聖武天皇をしのいで政権を握った。背後に異母の妹である光明皇后の後援があったことはいうまでもないが（ちなみに光明皇后は優しく温和な女人という一般のイメージとは異なり、強力な政治力を持った女性であった）、天平九年におそらくは天然痘と思われる疫病の流行によってこの四子は一挙に死去、ここから聖武天皇と橘諸兄の合同政権が成立する。これは天平勝宝八年（七五六）に諸兄の致仕《ちし》によって終わり、替わって藤原仲麻呂が政権の中枢につく。仲麻呂の政権は天平宝字八年のその反乱によって終了、称徳天皇・道鏡政権がこれに替わる。このいわゆる道鏡政権は称徳天皇の崩御によってあっけなく終わり、本書の課題の光仁天皇・桓武天皇政権へと移る。

ここに至るまでの原則として、どこまでこのプロセスに意味を見出すかは慎重な検討が必要にせよ、藤原氏政権と、非ないし反藤原氏政権が交替で登場するという点に容易に気付くことができる。つまり光仁・桓武政権は、非・反藤原氏政権であった道鏡に替わって登場するわけだから、藤原氏を基礎とする政権という〝順番〟になる。道鏡政権下で逼塞を余儀なくされ停滞していた政治勢力が、藤原氏を結束点として復活した、ということになろうか。

ただこの光仁・桓武政権は革命的な変動で成立した政権というわけではないから、政権構成の上にただちに藤原氏的性格が出たわけではないが、それでも公卿構成の変化は徐々にではあるが起こった。「公卿補任」で確認すると、光仁天皇即位の直前に宿奈麻呂《すくなまろ》（後に良継）、翌宝亀二年に百川、同三年に楓麻呂《かえでまろ》・浜成《はまなり》、同四年に是公《これぎみ》、と着実に員数を増加させている。ただ他氏族、すなわち藤原氏政権と対立する政治勢力もそう抑圧されているわけではなく、少し遅れるものの宝亀十一年にはヤマト政権以来の旧豪族出身である大伴家持・紀広純といった有力氏族のいわば大物が参議に昇進している。もっとも、こうした数のうえの考察がどれほどの意味を持つかの判断は難しく、あくまで数量的素材というにとどまるものと考えるべきであろう。

辞書的にいえば光仁天皇朝政治の特徴は、「寺院・僧尼への統制、官制の修正、地方行政の改革、蝦夷問題への対策」ということになろうが（佐伯有清「光仁天皇」『国史大辞典』当該項目）、このうちで特に目立つのは仏教統制と蝦夷《えみし》対策であろう。前代から踏襲した中心課題ということで蝦夷問題、新たに取り組んだ中心施策ということで仏教統制、ということになる。桓武天皇は三十歳代、むろん官僚の道に踏み出していて、これらの政策の立案や実行の当事者になった節はないものの、間近でそれを見、立太子してからは即位後に自分が取り組むかもしれない課題として真剣に観察していたはずである。

光仁朝の蝦夷対策

まず蝦夷対策だが、桓武が従五位下初叙の天平宝字八年（七六四）から以後についてをとりあえず見ておくと、桓武即位以前の状況は、蝦夷側の抵抗と朝廷側の制圧とが拮抗した時期と捉えることができる。桃生《ものう》城・雄勝《おがち》城の設置、さらに伊治《これはり》城の建設など東北地方奥地に律令国家の前線は進んだが、一方でそのことは蝦夷側の抵抗も激しくなったということを示すものであろう。桓武即位直前の宝亀十一年（七八〇）の、陸奥按察使紀広純《あぜちきのひろずみ》の殺害にいたる蝦夷側の攻勢に最終的にあらわれる現象がまず注目されねばならない。

宝亀五年（七七四）七月、陸奥国行方《なめかた》郡の「穀穎《こくえい》二万五千四百斛」、つまり郡内各地の正倉に保管されていた稲米が焼失した（『続日本紀』宝亀五年七月丁巳条〈二十日〉）。いわゆる神火、すなわち神にかこつけた放火であり、東北地方一帯の地元社会に不穏な状況が生じていたと考えてよいだろう。桓武がかかえることになる蝦夷問題の発端ともなる出来事であり、この時期蝦夷社会が急速に成長し、変貌していく事態が見て取れる。そしてこの直後、桃生城が蝦夷によって襲撃され、以後数年にわたる抗争がはじまる。

桓武天皇即位の前年の宝亀十一年三月、按察使で参議という、いわば現地在住で蝦夷政策の責任者ともいうべき紀広純、「職にありて事を視ること幹済」とたたえられたその有能な人物が、他ならない蝦夷の「陸奥国上治郡大領伊治公呰麻呂《これはりのきみあざまろ》」に殺害されたのである（「続日本紀」宝亀十一年三月丁亥条〈二十二日〉）。その経緯は「続日本紀」に詳しいが、報を受けた中央政府は藤原継縄《つぐただ》を征東大使とする鎮圧の軍事体制をただちに編成し、兵員を東北地方に向かわせたところで桓武朝となる。桓武天皇は未解決なままの蝦夷問題を背負い込むことになったわけで、この状況を考えてみるだけで桓武が蝦夷問題に熱心に取り組んだ、取り組まねばならなかった理由を推察することができる。

光仁朝の仏教統制

仏教統制ということでは、奈良時代仏教の検討がその前提となるが、普通述べられるのは道鏡を典型とする仏教と政治の癒着状態のもたらす弊害である。たしかに道鏡が「太政大臣禅師」という政界・俗界の両頂点に立ったことに象徴されるごとく、奈良時代の仏教と政治は日本歴史の上で〝異例〟な関係ではあったが、道鏡の置かれた位置は称徳天皇の政治的立場と切り離しては考えられない。道鏡の存在が、またその行動が異例だというのは実は考え過ぎで、近代の政教分離時代の先入観によるものといってよいのであり、政権基盤のすべてとはいわないまでもそのほとんどを称徳天皇に負った道鏡としては、この女帝との〝癒着〟は必然的なものであった。

道鏡は幼時に葛城山に入り、その厳しい山岳修行のなかで霊力・呪力を身につけ、人々を救済する能力を持つと信じられてきた僧侶であった。事実「看病禅師」として称徳天皇の病気治療にあたったし、その病いを治しもした。奈良時代の仏教界には寺院をその場として学識をきたえ、仏道の修行にはげむ僧侶ももちろん多かったが、一方で山岳に入り、厳しい精神・身体の鍛錬による修行を行なう僧侶たちも多数いた。両者あいまって奈良時代の仏教世界を築いていたのであり、どちらに重点を置いた僧侶を重視するかはそれぞれの仏教観によるのであって、どちらが正しいかという問題ではなかった。だからわたし自身は道鏡を、単純に低級な呪術仏教を旨とする僧侶とするのには賛成できず、国家的課題を解決するために称徳天皇が道鏡を重用し、その霊力・呪力に期待したという、政権の側の意図により重きを置いて考えている。またこのふたつの仏教の側面は、どちらに比重がかかるかは時代によって異なるが、後世にまでその伝統は続くのだし、現世利益的な神祇信仰との習合がごく自然に行なわれる素地であったとも考えている。

しかし一方で仏教教団の繁栄は国庫の窮乏をもたらすものであったことも事実で、聖武天皇朝に特に顕著となる造寺造仏は、財政の危機的状況をまねいた。いわばそのツケは光仁・桓武朝時代にまわってくるのであるが、光仁天皇は特に強くそれを意識し、仏教界の粛正をはかろうとしたのである。その政策は、一つは僧侶ないし寺院（教団）の政界からの排除であり、二つは新たな政権構想に見合う仏教家の抜擢である。すでにそれは光仁天皇朝に大胆にすすめられていたが、本格化するのは桓武天皇朝にいたってであった。これが桓武天皇の前代から受け継ぐことになる宗教上の課題であった。

第三章　桓武天皇朝の幕開け

1　桓武の立太子と即位

桓武天皇の父は光仁天皇だが、母は後年高野氏を名乗ることになる和新笠《やまとのにいがさ》である。当たり前のことながら、桓武にとっては選択することのできないこの母の系譜だが、彼の生涯に深く、静かな影響をあたえた。わたしの確信ともいうべきものであり、さして証明のできることではないが、桓武七十年の生涯と行動を考えるとき、この「母」というキーワードはきわめて重い意味を持った。

父光仁の婚姻

父光仁天皇にはむろん複数の皇妃がいた。知られるかぎりでは九人で、『平安時代史事典』の「歴代後宮表」によれば、次の通りである。

光仁天皇の后妃

皇妃名	父	母	所出子
井上内親王	聖武天皇	県犬養広刀自	他戸親王、酒人内親王
高野新笠	和乙継	土師真妹	桓武天皇、早良親王、能登内親王
藤原曹子	藤原永手	不詳	
紀　宮子	紀稲手	不詳	
藤原産子	藤原百川（？）	不詳	
尾張女王	湯原親王	不詳	稗田親王
県犬養男耳	不　詳	不詳	広根諸勝
県主島姫	県主毛人	不詳	弥努摩内親王
某　女	不　詳	不詳	僧開成

うち最後の二名はその当否は不明な点が多いが、光仁天皇の皇后は井上内親王のみで、新笠・曹子・宮子は、「後宮職員令」妃条に「夫人　右は三位以上」と規定された「夫人」である。ちなみに令の規定では後宮は妃二人・夫人三人・嬪四人で、妃は「四品以上」という皇族にのみ与えられる品《ほん》位《い》になっているから、当然皇族女性しかなれないことになる。つまり和氏という豪族出身の新笠は、あたりまえのことながら皇后になりうる「妃」にはなれないわけで、そのもうけた桓武天皇が後年皇

位に就いたので高くは扱われるが、三人の夫人のうちでの先後関係すらも不明である。

天皇の皇妃は、基本的には子供をもうけていないとその皇妃であったことすらも不詳な場合が多いのだが、少なくとも分かっているだけでいえば、和新笠には重要な特徴がある。新笠が渡来系氏族の出身だということである。この点において桓武天皇に大きな影響というかトラウマを残すのであるが、すなわち歴史上に渡来系氏族の出身者は皇妃にはまったくいないという先例があった。そういった中で、夫人和新笠の渡来系氏族出身というのはたいへん異例であった。

周知のように古代日本の氏族は、弘仁六年（八一五）に編纂された「新撰姓氏録」では皇別・神別・諸蕃の三つに分けられる。むろんこれは平安時代初期の分類だから歴史上のすべてにさかのぼらせることができるわけではないが、言えることは皇別・神別の前二者からすべての国政執行者（議政官）が出て、諸蕃、すなわち中国や朝鮮諸国に始祖を主張する渡来系の氏族は、国政執行というレベルではあるが、政治の世界から排除されていたという事実である。つまりは差別・区別されていたわけで、その差別・区別の対象である渡来系氏族から新笠は出た。渡来系氏族の女性というその所生から桓武天皇を出しはしたけれども、それはあくまで結果であって、光仁天皇の妻になった時点では、新笠は「卑母」、すなわち身分・門地の低い氏族出身の女性として扱われ、その間に生まれた桓武の即位など考えられもしないことであったのだ。

ちなみに和氏は、「新撰姓氏録」左京諸蕃下に、

和朝臣　百済国の都慕《とぼ》王の十八世の孫、武寧《ぶねい》王より出づ。

とあって、百済国王を始祖とする明白な渡来系氏族である。和氏を名乗ったのはおそらくは渡来して以後に大和国地方を居地とし、そこで地名をとって氏族名にしたものである。「和名類聚抄」には大和国城下郡大和郷（現・奈良県天理市）があるから、ここを拠点として和氏の活動は行われ、新笠の父

武寧王陵（韓国公州市）

公州博物館（韓国公州市）

武寧王（461～523）は百済第25代の王で，桓武天皇の母方の祖先にあたる。日本で誕生したともいわれ，1971年に韓国で偶然に墓が発見された。多くの王陵のある宋山里古墳群の一角にあって，隣接する公州国立博物館に墓誌などを展示する。

の乙継もここから平城京に下級の官人として出仕したものであろう。都慕王は伝説上の人物だが、直接の始祖である武寧王（四六一～五二三）は渡来人の渡来がもっとも頻繁だった時代の実在の人物で、韓国忠清南道公州《こうしゅう》《コンジュ》市の宋山里古墳群にその墓がある。

新笠と光仁の結婚

では、この和新笠と光仁天皇との結婚は、どのようにして成立したのであろうか。これも不明というほかないが、まず婚姻成立の時点からして明らかにならない。これは当時の婚姻の形態にもよるのだが、子である山部王たちの誕生の時点から探る以外にないということになる。山部王の誕生は天平九年（七三七）だから、当然のことながらその以前の婚姻成立ということになり、そしてこの新笠は光仁との間に山部王・早良王兄弟と、能登女王をもうけた。

山部王には姉がいた。能登女王である。この女王はのち内親王となるが、天応元年（七八一）に死去し、「薨じぬる時に年四十九」とあるから（『続日本紀』天応元年二月丙午条〈十七日〉）、当然生誕は天平五年（七三三）ということになる。だから光仁と新笠の結婚の成立ということではこれ以前、天平の初年ということになろう。ちなみにこの能登女王は光仁天皇寵愛の女子であったらしく、薨去の際には後にも述べるように哀切に満ちた詔を発している。あるいはこれが光仁天皇の退位の動機でないかとも思うのだが、いかがなものであろうか。

白壁王は、天平初年ではまだ無位で、桓武天皇誕生時の同九年（七三七）九月に従四位下に叙されている。武智麻呂・房前・宇合・麻呂の藤原四兄弟のいっきょの死去などにともなう政権の改造によるもので、時に光仁天皇は二十九歳。官歴などは不明だが、きわめて複雑な政治状況のなかでその政治家人生を出発させることになる。そのしばらく前の、いわば無名時代に成立した和新笠との婚姻での山部王の誕生ということになる。

問題はこの婚姻の形態である。先にも触れたように、これに焦点をあわせて見事に解析されたのは村尾次郎氏で（『桓武天皇』）、氏の構想の核心は、後年の桓武による長岡京・平安京遷都との関係の解明にある。

まず新笠の両親の婚姻からそれははじめられ、「おそらく平城の下級官人」だった父和乙継《やまとのおとつぐ》が「何かの縁で大枝に来たときに真妹と結ばれた」のであり、したがって当時の下級官僚の婚姻形態、いわゆる招婿婚からして、生まれた子供の新笠は母方の大枝《おおえ》氏の居住地である乙訓《おとくに》郡で育ったのだという推論になる。

そしてさらにまだ無名時代の白壁王も何かの用件で乙訓の地を踏み、新笠との婚姻が成立、生まれた子供の山部王も母方の乙訓で幼少年期を過ごしたと述べられる。後にも触れるが、つまり後年に遷都地の選定が問題となったとき、桓武は自分の生地を宮都に定めたのだということになる。その推定部分の多さに村尾氏も留意しておられるが、私もここまでは確信する自信はなく、さりとて氏説を否定する根拠もなく、可能性として記憶するにここではとどめておきたい。

土師氏から大枝氏へ

母の新笠は高野氏（朝臣《あそん》）を名乗るが、この氏族名は新笠と父乙継のみのものであったらしく、後に続くことはなかった。和氏は和氏として続き、家麻呂など一時期のみに史上に見えるが、母方の土師《はじ》氏は大和政権以来の名族であったこともありその後にもかなりに繁栄している。

土師氏は土師部《はじべ》を合わせて、地名としての残存を含めるとかなり全国の広域にわたってその居住が見られる。しかし豪族・貴族としては奈良時代にはすでに勢力を失っており、その回復がはかられていた。そこへ桓武天皇の即位とともに母方とはいえ皇室と縁戚の地位を獲得したわけで、しかも都合のよいことに父方の和氏がさほどの勢力を歴史的に持ってこなかったから、土師氏にとっては氏族勢力拡大の絶好のチャンスの到来であった。

高野新笠大枝陵（京都市西京区大枝沓掛町）
京都盆地から丹波方面に抜ける山陰道の，すぐそばの丘の上にある。彼女が生きた長岡京からは北にあたり，静かにこの都を見下ろすあたりに位置している。ごく小さな円墳で，新笠の人柄を偲ばせるようで興味深い。

はたして桓武天皇即位の直後の天応元年（七八一）にまず菅原氏が土師氏から分立し、ついで翌年延暦元年（七八二）に秋篠氏、さらに同九年（七九〇）には「四腹」あった土師氏のうち「中宮の家は是れ母受腹《もずばら》」、すなわち新笠の属した家は「母受《もず》」系統であったがこれを大枝氏とし（『続日本紀』延暦九年十二月辛酉条〈三十日〉。ちなみに今も京都府向日市〈旧・乙訓郡〉に物集女《もずめ》の地名が残るし、『和名類聚抄』には乙訓郡物集郷〈毛都米・毛豆女〉がある）、それぞれに分立があった。菅原・秋篠はいずれも現在も奈良市にその地名が残り、したがって大枝氏の場合も地名を起源とする命名と考えるのが常識的な解釈であろう。大枝は「和名類聚抄」にいう山城国乙訓郡大江郷で、ゆえに新笠の系統の土師氏は大枝（京都市西京区大枝）に居住していたことが判明する。新笠がこの地で成長したかどうかは不明だが、少なくとも新笠の系統の土師氏が大枝にその基盤を持っていたことは疑うことができない。

井上内親王と他戸親王

苦難のなかで即位した光仁天皇だったが、山部王はその皇子ではあっても、何度も言っているように皇位からはまるで遠い存在であった。桓武の母はこのように渡来系氏族出身だったし、しかも光仁には聖武天皇の女の井上内親王という最高の血統の、その意味ではいわば完璧な皇后がいたから、当然その間、つまり天皇と皇后の間に生まれた男子が皇太子となる。事実その通りになり、二人の間に生まれた他戸《おさべ》親王が皇太子となった。これは当時の政界のいわば常識に属することであって、年令は桓武のほうが上だったらしい節があるが、井上内親王の立后についで他戸親王が立太子し、次代の天皇が約束された。この時点でも桓武の皇位への芽はまったくなかったのであり、桓武自身もそのような希望・野望は持っていなかったというか、もてるはずもなかった。

しかしながら、さまざまな策謀をめぐらし、たいへんな苦労をして光仁天皇を擁立した政治勢力がそう考えていたかどうかはまた別問題で、天皇という存在が政治的なものである以上、個人の思いとは別に事態が動くことはこれまた当然のことであった。

ここでキーパーソンの役割を果たすのは、またしても藤原百川《ももかわ》であった。光仁天皇の擁立に大きな貢献をしたことはすでに述べたが、この擁立は、光仁が当時にもう六十二歳と高齢であることからしてもいわばダミーで、本当の擁立意図はその子の山部王にあったとわたしは考えている。史料的にはそう明白になるわけでないのだが、おそらくは散逸してしまった「藤原百川伝」によるであろう記事に、

大臣（百川）素《もと》より心を桓武天皇に属《つ》け、龍潜の日に共に交情を結ぶ。宝亀天皇践祚《せんそ》の日に及び、私に計らいて皇太子と為す。時に庶人他部（他戸）、儲弐《ちょじ》（皇太子）の位に在り。公、しばしば奇計を出し、遂に他部（他戸）を廃し、桓武天皇を太子と為す。（「公卿補任」宝亀二年条）

と述べている。「奇計」の語の背景に何かしら表に出せない権謀がめぐらされていたことをうかがわせるが、「扶桑略記」・「水鏡」などにも類似の記載が見えていて、「龍潜の日」、すなわち世にでる前から桓武天皇と百川との間には深い交情があったと述べられており、百川の桓武立太子への大きな貢献はほぼ間違いないようである。

他戸親王の廃太子

このとき、桓武天皇の即位にむかってクリアせねばならない最大の課題は、光仁天皇即位とともに定まっていた皇太子他戸親王の排除である。天皇と皇后との間の第一男子であり、次期天皇として政界のコンセンサスも当然得ており、しかも山部こと桓武は渡来系氏族の娘である卑母の出身であって、どう考えても桓武の立太子のチャンスはなかった。光仁天皇即位時にすでに三十四歳になってもおり、考えないことはなかったかも知れないが、当時の政界

の常識からしても可能性の極めて低い事態であった。

そこに百川の登場である。前記史料に記す「素より」心を桓武に寄せていたという表現が気になるところで、素直に解釈すれば百川は早く光仁即位前から桓武と交友関係にあり、親密であった可能性が強い。とすれば当然桓武天皇の実現が本命で、光仁天皇はまさにダミーということになる。つまり政界の軋轢と混乱を避けるがために他戸親王を「仮に」立太子したが、それはやがての山部立太子を見越した策ということになり、そこで政界のコンセンサスである他戸皇太子を廃するための百川の本領ともいうべき策が、今度は弄されることになる。

他戸親王は光仁天皇の皇子で、桓武には弟にあたるらしい。その立太子については「他戸親王を立てて皇太子と為す」という簡単な記載と、型通りの立太子の詔が見られるのみだが（『続日本紀』宝亀二年正月辛巳条〈二十三日〉）、皇后の長子で、他戸立太子には政界には何の異論もなかったはずである。だから逆にその排除もその理由を見出すことは難しく、権謀術数が必要ということになる。

この間に桓武に即位への希望・野望ともいうべきものがあったかどうかは、むろん不明である。というのはすでにこの時、官僚山部王として幾多の官職を歴任していたからである。天平宝字八年（七六四）に従五位下に叙されて以後、天平神護二年（七六六）に大学頭《だいがくのかみ》、そして宝亀元年（七七〇）八月に父の即位を受けて侍従《じじゅう》、その直後の十一月に井上内親王の立后とともに親王となったものの、与えられた位階は親王では最低の四品だった。むろん侍従という官職は継続されていて、この時点でも皇位への道は開かれておらず、官僚としての生涯が予想されるのみであった。優秀な官僚であったかはまるで定かではないが、いわば社会通念として桓武天皇の皇位への可能性は予想・期待されないものであった。

しかしこのことは、先にも述べたように光仁天皇を擁立した勢力の政治的欲求が桓武即位を望まないということを意味しない。むしろ光仁の高齢即位から考えて、次期天皇に主たる期待をいだき、目標を置いていたとわたしには考えられるからである。

他戸皇太子の廃立は、宝亀三年（七七二）三月に実現した。それも奇妙な経過によるもので、まず母の皇后井上内親王が廃立された。「巫蠱《ふこ》に坐せられて廃せらる」とあり（『続日本紀』宝亀三年三月癸未条〈二日〉）、この「巫蠱」は要するに邪法であり、呪いとまじないによって相手をおとし入れるものである。当時よく行なわれた犯罪らしく、この時の内容ははっきり記されていないものの、複数個所に「謀反」とあるから、天皇を廃することを目的とするものであることは疑いなく、共犯者が「斬罪」（実際には減刑して「遠流」罪）に処せられてもいる。ゆえにこの「巫蠱」が、皇后井上による夫光仁の早死に、つまりは我が子他戸の早期の即位を望んでのものであることは確実であろう。

この事件に関わっていたのは、密告して処罰を免れた裳咋足嶋《もぐいのたるしま》、処罰された粟田広上《あわたのひろがみ》・安都堅石女《あとのかたしわめ》、の三人が知られるだけである。彼らの位階は足嶋が従七位上であることが分かるのみでその政治的な地位はいちじるしく低く、もしこれが関係者のすべてなら冤罪の可能性が高いのだが、一方で背後に何らかの重大な要因が隠されていることも考えられ、不明としかいいようがない。

他戸皇太子の廃太子はこれに遅れ、五月のことである。「皇太子他戸王を廃して庶人とす」という簡単な記事に続けて、その詔では「皇太子の位に謀反大逆の人の子」をとどめておけないというのが理由であった（『続日本紀』宝亀三年五月丁未条〈二十七日〉）。この記載そのものは「縁座」を思わせるが、基本的には女性は「僧尼及び婦人、(中略)反逆を犯せらば、ただ其の身を坐せ。」(「養老律」賊盗律縁坐条)とあるので子は縁坐対象にはならず、したがって母の「謀反」に子の他戸は縁坐しなかったと思われる。もっともたとえば、すぐ後に起こった藤原薬子の乱では薬子の子は縁坐的に処罰されていて、例外もあったようだが。

もし縁坐に関わる処罰でないとすれば、これは完全に政治的行為ということになる。わたしはおそらくそうだろうと考えているが、とすれば誰かが廃太子への道を推し進めたわけで、これまたすでに多くの人が推定しているごとく藤原百川の仕業であろう。先にも引用したごとく「素《もと》より心を桓武天皇に属《つ》け、龍潜の日に共に交情を結ぶ」とあり(「公卿補任」宝亀二年条)、また「東宮もしばし退け奉りて、心をしづめ奉らむ」との百川の進言により廃太子となったともいい(「水鏡」)、やはり百川の関与は疑いがたい。後者には光仁天皇と井上皇后の夫婦間に確執があったことをも付け加えるが、傍証する史料はないにしても、百川の尋常ではない政略と画策があっての桓武の立太子ということになる。

なおこれには重要な後日談がある。宝亀四年十月、井上内親王は、夫光仁天皇の同母の姉にあたる難波内親王を「後にまた」「厭魅《えんみ》」した(「続日本紀」宝亀四年十月辛酉条〈十九日〉)という。皇后を廃されたと同じ罪をふたたび犯したのであり、この時に子の他戸王とが「大和宇智郡の没官の家」に幽閉された。この事件についてはまったくその内容を知ることはできないが、すでに即位はおろか、何らの政治的影響力をも失っていた無力なこの母子が、何か政治的な復権をねらって行為・行動を起こしたと考えるには無理がある。可能性ゼロかというと少し判断に困るところがあるが、背後勢力も失っているこの時点で、歴史常識の上からいってその復活の目はなかっただろう。とすると百川たちのかけた追い打ちということになり、宝亀六年四月、同日にこの母子が死去していることへの解釈もつく。これまた「井上内親王・他戸王並びに卒《そつ》しぬ。」という簡単な記事しか残

井上皇后宇智陵（奈良県五條市御山町）

他戸親王墓（奈良県五條市御山町）
母と子の墓はともに奈良県南部の山間にあり，数百メートルをへだてて向かい合う。悲劇の母子の生き様をうかがうにふさわしい寂しげな周辺環境である。

さないが（『続日本紀』宝亀六年四月己丑条〈二十七日〉）、自殺ないし暗殺を想定するのが常識であろう。生命を断たれ、ここに完全に政界から葬り去られたということになる。この事件の時には桓武はすでに皇太子になってはいたが、後顧の憂いがこれでなくなったことは確かである。

桓武天皇が立太子したのは、他戸皇太子が廃された半年後のことだった。ごく普通の光仁天皇による立太子詔をともなうのみだが、山部親王こと桓武がここに正式に、公式に光仁の後継者となった。先に見た井上・他戸母子の幽閉と死去という出来事や、また他戸皇子だと偽称する人物が現われたりと、政治状況がかならずしも安定していないことを示す不穏な動き、不安材料をかかえつつ、それらを横目に見ながら、これ以後山部は皇位への道をひたはしる。

父光仁天皇との仲

ここで検討したいのは、山部皇太子と父光仁天皇との関係である。従来はこの親子はきわめて親密な関係で、ともに平安時代を切り拓いた天智天皇系統の人物として、一体として考察されることが多いのだが、はたしてそれは真実を示すものなのか。

通説に異なってこのようなことをいうのは、むろん根拠があるからで、それは「水鏡」の記事である。たしかに「水鏡」は荒唐無稽な伝説・伝承を収載していることで知られるが、したがってそのままに史実を反映するとは考えられない。しかしそれにしても、桓武天皇の度を越えた、と言って悪ければ過剰で過度な新王朝意識、すなわち新しく自分が王朝を創始したという意識を強く持ったこと、つまり父との違いをことさらに強調することになったことなどからして、少なくとも当時の世論の評価に、「水鏡」の記すようにこの父子に対立なり意見の相違などがあったのではないかという風評が存在したことは疑えない。

父光仁天皇との相違を強く意識し、普通は天武天皇系から天智天皇系に光仁天皇から移行したことをもって、つまりは称徳天皇から光仁への皇位の継承をもって新王朝の成立とする。たしかに壬申の乱以来続いてきた天武天皇系の皇統はここで断絶し、以後現在にいたるまで続く皇統が光仁天皇から出発したことも事実で、父光仁天皇と子桓武天皇との間に差異を認めることは少なくとも通説ではないのだが、血統が光仁天皇・桓武天皇と続くからといってただちにこの父子の親密な関係を想定することにも無理がある。

「水鏡」に記された光仁天皇と皇后井上内親王、それに桓武天皇をもまじえたエピソードは、一方で奇異な内容ともいえるが、他方で「続日本紀」などの正史には見えない記事がそこに見られる。

藤原百川によって皇位についた光仁天皇は、宝亀三年（七七二）、皇后の井上内親王と「博奕」に及んだ。そして「我負けなば、壮《さか》りならむ男を奉らむ。后負けたまひなば、色かたちならびなからむ女をえさせ給へ」ということになり、結果光仁天皇が敗北、百川の進言によって山部親王こと桓武天皇を奉ろうとした。百川は光仁天皇擁立の時にすでに桓武天皇に次期天皇の照準を定めていたと思われ、ありえない話ということになるが、因果を含めてこれを勧め、また光仁天皇も「われ年老いて力堪へず。速かに后の御もとへ参り給へ」と言ったという。

このことは実現しなかったというがさらに後年、井上皇后は山部王のみを「呼び奉り給ひて、御門《みかど》を疎《うと》くのみもてなし奉り給へば、御門恥ぢ恨み給ふ御心やうやう出《い》で来」るようになったという。光仁天皇と桓武天皇がかならずしも順調で倫理的な関係でなかったことをうかがわせるものであり、正史にはこのような記載はないが、この父子の関係の真実にはたえず目を配っておかねばならないと思われる。

しかし立太子以後の山部親王のその道は、それほどに平穏なものではなかった。後年の桓武天皇の思想をさぐる場合に重要だと思われるので、少しこの点を考えてみる。

山部皇太子の病気

宝亀八年十一月、前後に関連史料を持たない光仁天皇の病臥が記される（『続日本紀』宝亀八年十一月己酉条〈一日〉）。むろん病名も不明だが、その一カ月後に今度は山部皇太子が病む。ただちに畿内の神社に使節が派遣されて幣帛を奉っているが（『続日本紀』宝亀八年十二月壬寅条〈二十五日〉）、この年桓武は四十一歳、最も健康の安定した年齢での病臥であった。

それもかなりの長患いで、どちらかというと身体頑健な桓武ではあったが、この病気は本人にも相当のショックを与えたようである。父光仁の病臥との時間差の関係も、翌年の桓武の病いについて「疫神」を祀ったという記事もあることから考えると（『続日本紀』宝亀九年三月癸酉条〈二十七日〉）、あるいは伝染する流行病でないかと疑わせるが、とにかく長期にわたる療養を余儀なくされた。

宝亀九年正月には「皇太子沈席安からず」ということで「廃朝」となったし（『続日本紀』宝亀九年正月戊申条〈一日〉）、翌三月には「皇太子、病に沈みて安からず。稍《ようや》く数月を経たり。医療を加うるといえども猶《な》お平復せず。」ということで天下に大赦が行なわれたり、また神社への奉幣などが行なわれている（『続日本紀』宝亀九年三月庚午条〈二十四日〉）。いつ回復したかは不明だが、同年九月に「皇太子、寝疾久しく平復したまわず。是《ここ》に至りてみずから神宮を拝みたまう。」とあって（『続日本紀』宝亀九年十月丁酉条〈二十五日〉）、回復を感謝するため伊勢神宮に参詣しており、半年にわたって病気に苦しんだことが分かる。前述の他戸皇子を偽称するものが現われて不穏状況が現出したのが、こうした状況下であることには注意が必要であろう。朝廷の周辺に、桓武の後継者の地位をけっして安定的なものたらしめない、つまりは反発する政治勢力が根強く存在したと考えてよいと思う。

この皇太子桓武の病気に関して、ひとつの見過ごせない出来事がある。その病中と思われる宝亀八年十二月に「井上内親王を改葬し、其の墳を御墓と称し」たことである（『続日本紀』宝亀八年十二月乙巳条〈二十八日〉）。桓武天皇はたしかに身体頑健で強い意志を持つ人物であったが、しかしその一方で予想もつかないひ弱さを持っていたことも事実で、それは後世いみじくも露呈するのだが、この時の井上内親王の改葬はその前兆ともいうべきものであった。先に触れた「畿内の諸界に疫神を祭る」（『続日本紀』宝亀九年三月癸酉条〈二十七日〉）ことと合わせて考えると、これを怨霊への怖れから来るものとしてよいと思う。すなわち桓武における怨霊思想の萌芽がここに読み取れるのであり、自身の皇太子時代の病気が、いわばトラウマとして桓武天皇治世にも影響を及ぼしたのだということを、ここに確認し、記憶しておきたい。おおむね身体頑健で、精神的にも強い性格だったが、いってみれば当たり前のことながらごく普通の人間と変わらない、弱い側面も併せ持っていたのである。

光仁天皇を実現し、桓武天皇を後継者と定めた最大の功績者藤原百川は、桓武即位に先立つ宝亀十年、四十八歳を一期として死去した。東宮時代より桓武が信任すること大きく、百川も桓武が病気の時には医薬・祈禱に熱心につとめたという仲だったし、君主と臣下という間柄を超えて、ふたりが人間的な強い信頼関係のもとにあったことは疑いない。「薨ずるに及び甚だ悼惜したまう。」というのは（「続日本紀」宝亀十年七月丙子条〈九日〉）、文章の単なる修辞を超えて、まことにその通りであったと思う。信頼するに足りる有力で有能な後ろ盾を、桓武は即位に先んじて失ったのである。むろんこのことは、一方で桓武を掣肘する有力な臣下がいなくなったということでもあり、その自在で専制的・独裁的な政権運営をも可能にさせたという側面も見逃してはならないのだが。

「伊勢斎宮に見《あらわ》れたる美しき雲」（「続日本紀」天応元年正月朔条）を「大瑞《たいずい》」（最もレベルの高い瑞祥）とする祥瑞改元によって天応と改まった元年（七八一）二月、能登《のと》内親王が死去した。四十九歳だったから決して若死にというわけではなかったが、父の光仁には痛烈な衝撃を与えたようで、すでに述べたように懇篤な詔を出してわが娘の死を悼んでいる（「続日本紀」天応元年二月丙午条〈十七日〉）。

すなわち、「いつしか病止みて」参内してくるのを「今日かあらむ明日かあらむ」と待っていたけれど、「年高くも成りたる朕《われ》を置きて」、すなわち高齢になった父の私をおいて先に死去したことに驚き嘆き、また悔しく思っている。こんなことになるのだったら「心置きても談らい賜い相い見て」おいたものを、「朕は汝《なんじ》の志を暫《しば》しの間も忘れ」ずに「悲しび賜いしのび賜いて大御泣哭《おおみねな》かす」とまで述べている。これが当時としては高齢天皇である光仁天皇譲位の引き金になったことはたぶん間違いなく、そこに「朕沈席安からず、稍《ようや》く晦朔を移す。医療を加うると雖《いえど》も未だ効験あらず」という、かなり長期にわたる自分の病気も加わって（「続日本紀」天応元年三月甲申条〈二十五日〉）、翌月譲位するところとなる。

ちなみにその譲位の詔には、譲位にいたった三つの理由が明示されている。まず、(1)「嘉政頻《かせいしき》りに欠けて天下治め成すこと得ず」と自分の政治のいたらざるをいい、次に(2)「元来風病《ふうびょう》に苦しみつつ、身体安からず」とかねてからの病気（ただしこの「風病」が何かは不明だが）、それに(3)「年も弥《いよよ》高く成りにて余命幾《いくば》くならず」と高齢であること、の三点である。

このうち(1)はいわば慣例に近い一句で、中国的風習による謙譲の辞と見てよいだろうし、そうすると実際の理由は(2)・(3)ということになる。病気と高齢は切り離せないものだし、結局は身体の衰えによる譲位ということでよいと思われる。

ただ同じ譲位の詔でしつこく新天皇を補佐するようにいい、「此《かく》の如《ごと》き時に当りつつ、人々好《よ》からぬ謀を懐きて天下をも乱し己《おの》が氏門をも滅ぼす人等まねく在り。」と、人々が不穏な行動に出て、天下に騒動を起こすことを戒めることを禁じる内容を付け加えていることには注意が必要だろう。

事実、桓武天皇即位後すぐに氷上川継《ひかみのかわつぐ》乱・藤原種継《たねつぐ》暗殺と相ついで政界を大きく揺るがす乱が起こっているし、不安定な政治情況であったことは疑いなかった。しかし皇位継承時、とりわけ葬儀中ともいうべき、先帝の霊魂の慰撫のまだ終わっていないモガリ期間が、王権の不安定な時期であることは古くからの常識だし、ここは素直に光仁天皇の譲位詔にあるように病気と高齢が原因での退位としておきたい。我が子桓武はすでに四十五歳、即位するには十分すぎる年齢に達していた。光仁個人の、あるいは親としての感情からすれば、早くこの〝高齢〟皇太子に位を譲りたく思っていたのだが、何分自分の即位の事情がいまだ尾を引いていて、ここまで来てしまった、というところではないか。譲位の詔に、特別の意味を見いだすことには賛成できない。結果としてはたしかに桓武はたいへんな状況下で即位し、天皇として統治にあたることになりはしたが、最初から光仁天皇がそのような状況の桓武への譲位を意図していたわけではないだろうことには、桓武の人間像を考えるときに注意しておかねばならないことだと思う。

早良親王の立太子

即位の翌日、ただちに皇太子が立てられた。同父・同母の弟の早良《さわら》である。この新皇太子は終生にわたって桓武天皇の心を苦しめることになるのだが、「法《のり》」のままに有るべき政として弟早良が皇太子になった（『続日本紀』天応元年四月壬辰条〈四日〉）。

この早良立太子については検討課題が二つある。一つは立太子宣命にいう「法」の内容である。これを具体的な皇位継承規定に求める意見もあるが、ここは「慣例通り」、つまり天皇にはかならず皇太子があるべきだというくらいにとっておくべきだろう。皇位継承は原則として兄弟相続と親子相続だが、その原則からも外れておらず、特に早良の立太子を異とするにはあたらないように思う。

いま一つは、桓武にはすでに安殿《あて》親王という男子があって八歳だったし、これを立太子しなくて弟を選択した背景を重要視しようとする見解である。ことは皇太子というポストが当時に持っていた意味に関わるが、ここでは深入りしないでおきたい。

ただ年齢ということではこれ以前の例は、異常な基王《もといおう》の立太子の年齢生後満三カ月を除けば、遠く武烈天皇の六歳がわずかに先行例としてあるだけで、神話時代とまではいわないにしてもほとんど信頼性の低い時代のことだし、これを除けば十歳未満の皇太子の例は見られない。これは当然で、皇太子は皇后とならびともに国政を執行するポストであって、ただの天皇後継者なのではなかった。だから幼年では役に立たないのであって、そういう意味では八歳の安殿親王の立太子は常識的にはありえないことであった。弟の早良親王が立ったのは、当時の歴史常識からして至極当たり前のことだったのだ。政界のコンセンサスは、早良親王が後継者ということで一致したのであり、政界にも異論はなかったはずである。

早良親王は、その前半生はあまりよく分からない。次男として出生したためでもあろうか、出家していたらしく、

初め東大寺登定大僧都を以て師と為し、羂索院《けんじゃくいん》に寄住す。生年十一にして出家入道、二十一にして登壇受戒。清潔清浄にして修練修学し、神護景雲二年に大安寺東院に移住す。宝亀元年を以て親王号を奉じ、同十一年を以て皇太子に奉定す。

（「大安寺崇道天皇御院八島両処記文」醍醐寺本「諸寺縁起集」所収）

とある。これによれば十一歳で東大寺で出家し、そこで二十歳過ぎまで過ごし、神護景雲二年（七六八）についで大安寺東院に止住し、宝亀元年（七七〇）の父光仁天皇の即位にともなって還俗、親王の宣下を受け、同十一年に立太子したということになる（実際にはその翌年の天応元年〈七八一〉）。それから失脚・死去までわずかに四、五年、あまりに短いその人生といってよいだろう。出家・入道のままならばおそらくは穏和な生涯を送ったはずで、光があたったかと見えるその瞬間、奈落に落ちたに等しい人生だった。

それはともかく、早良の立太子は天応元年、桓武天皇が即位したのと同じ四月であった。残された史料はわずかで、先に引いた「法のまにまに有るべき政として早良親王を立てて皇太子と定め賜う」という文言のみである（『続日本紀』天応元年四月壬辰〈四日〉条）。「法のまにまに」はたしかに少し分かりづらいが、前に述べたように天皇があれば皇太子もあるのが本来だという程度の表現だと思われる。どうして長く出家の身であった早良を、皇太子（弟なので皇太弟と称することが多い）に立てたのだろうか。よくその理由は分からないが、たしかに桓武天皇の子である安殿（のちの平城天皇）が早良立太子の天応元年段階ではまだ幼少で、あるいは安殿を第一候補とする策の次善のものだった可能性もある。つまりは天智系皇統の維持・存続をめざす桓武天皇の強い意志がここにあらわれているのであって、光仁天皇の意向もたしかにあっただろうが、桓武天皇の心情としては本命の安殿に替わるいわばダミーだったのではなかろうかということも、少しは配慮しておかねばならないと思う。

ともかくこの早良立太子で桓武天皇の政権運営の環境が成立し、存分に天皇としての権力を揮う背景がととのった。後半生ともいうべき桓武の天皇時代がはじまる。

2 桓武天皇即位前後の動き

桓武登場の前提

桓武天皇登場の前提ともいうべき奈良時代は、正倉院宝物や天平文化から受ける平和で温和な時代イメージとは異なり、次々に政争が繰り返された時代であった。数々の陰謀がめぐらされ、クーデターや内乱で倒れる人も多くでた。すでに触れているが、桓武が統治にあたったときに否応なしに当面せねばならなかった政治環境を、ここで今一度整理しておこう。

奈良時代のおおよそ八十年間、少なくとも政権・政治の歴史という意味では藤原氏を中心として展開した。まずは藤原不比等（六五九〜七二〇）が政権を主導した。その業績は多く、大宝律令の編纂・施行、平城京の建設と遷都、「日本書紀」の編纂などいくつもの著名なものがある。父鎌足から始まる新興貴族家でありながらヤマト政権以来の名族と競って藤原氏一族の地位を築くが、その才能はすぐれ、養老元年（七一七）には子息の房前を参議に就任させて前例のない同一氏族から二人の参議を実現させた。辣腕ともいうべき手腕で自族の進出を成功させたのである。

この不比等の死後、皇族である長屋王が政権を牛耳った。天武天皇の孫として「親王」とも称されて政権を運営し、聖武天皇の母の藤原宮子《みやこ》の「大夫人」称号に異を唱えるなど終始藤原氏の拡大に反発する勢力の支持をえて政権運営を行ない、ついには長屋王の変（七二九）と呼ばれる謀反を試みたということで政界から排除され、この世を去った。三世一身の法や百万町歩開墾令を出すなど数々の革新的政策を実施した長屋王ではあったが横死、時代は不比等の四子が中心となるいわゆる藤四卿政権へと移る。そして妹である安宿媛（光明子）を前例のない臣下から皇后に立て、また天平三年（七三一）には兄弟四人がすべて公卿になるなど、藤原氏の勢力は急速に拡大した。国政の上では特に見るべきものはないが、律令体制の原則にのっとった政治が執行されたようである。聖武天皇はすでに天皇に即位してはいたが、この間は義兄たちの勢力のもとに掣肘を受け、自立的な政治運営が行なえていない。ちなみに桓武の生誕はこのような政治状況のもとでのことであった。

この政権は天平九年（七三七）に崩れた。四子が一度に死去したからである。これで自分を押さえる重しが取れた聖武天皇は、自らの思いや願いを前面に出す政治を行なうようになる。国分寺の建設、大仏の建立、恭仁京・難波京・紫香楽宮、さらにはまたもとの平城京へと四度もの首都移転などの政策がそれで、聖武天皇の政治に対する真剣さは疑えないものの、財政的には完全な浪費型の施策であった。結局そのツケは桓武たちの時代にまわってくることになるのだが、この政治は橘諸兄《もろえ》たちによって支えられた。

橘諸兄政権は天平宝字元年（七五七）、諸兄の子の奈良麻呂《ならまろ》が謀反事件を起こして完全崩壊、代わって藤原仲麻呂《なかまろ》に主導権はわたる。奈良時代随一の秀才政治家ともいうべき仲麻呂は、叔母である光明皇太后を前に立て、皇后宮職を改組した紫微中台を大きな拠り所としてかなりに独裁者的な国政を運営する。しかし天平宝字八年、反乱に追い込まれて失脚、近江国で殺害されてその政権はあっけなく終わった。これに代わるのが称徳女帝と道鏡による政権で、何ら特徴的なものを見ることなくこの政権も神護景雲四年（宝亀元年・七七〇）の称徳の崩御とともに終了、これで光仁天皇の即位と新政権への移行となる。

簡に過ぎる考察ではあるが、奈良時代政治の原則はこれで十分に理解できる。すなわち、藤原氏の政治的進出を核として政界は動いているのであり、その進出が限界を越えると他氏族が皇族を中心に結集、政権を奪いかえすというサイクルである。それも諸兄政権の二十年弱を例外として、ほとんどが十年未満で終わっている。いかに政権抗争が激しかったかということであり、しかも藤原・非藤原の交替現象を見てみれば、藤原氏が進出、これを非藤原氏が連合して押さえる、というサイクルが奈良時代の政権史の姿であったといってよいだろう。

繰り返してここでも述べたのにはむろん理由がある。これでいけば光仁・桓武天皇政権は、非・反藤原政権である道鏡政権の後のことだから、当然藤原政権の時代ということになる。

氷上川継とは

これをよく示すのが氷上川継《ひかみのかわつぐ》（河継）の謀反事件である。桓武の即位の翌年のことであり、明確に反桓武政権を標榜した事件であった。桓武の即位がいかに困難に満ち、危機的な状況下のものであったかを如実に物語るものとして少し触れておきたい。

氷上川継は天武天皇の曾孫で、一時聖武天皇の皇太子であった塩焼王《しおやきおう》（氷上塩焼）の子である。血縁的には天皇からかなりに遠いが、無縁というわけでもなかった。何分下級の皇族だったからその生涯は明らかでないが、母は聖武天皇の娘の不破《ふわ》内親王だからかなりの名門ということになろう。年齢などは不詳だが、宝亀十年（七七九）に従五位下に叙され、官僚としての歩みをはじめる。これより早く神護景雲三年（七六九）に起こった母不破内親王たちによる称徳女帝への巫蠱事件に縁坐して土佐へ流罪になった氷上志計志麻呂《しけしまろ》と同一人物という説もあるのだが（亀田隆之「氷上川継事件に関する一考察」『人文論及』41—3）、ここではこの分析は控えるが、もしそうだとするとこの巫蠱事件で土佐へ、さらに自身の謀反事件で伊豆へと二度の流罪の憂き目をみた不運の人物ということになる。

ともあれこの叙位によって、氷上川継は下級ながらも名門貴公子として政界に一歩を踏み出した。従五位下といえばたいした位階ではないが、無位からいきなりの従五位下叙位であることは、いわば特例に属し、川継が三世王に準じることを示すものであろう（新日本古典文学大系『続日本紀』5補注）。位は低いながらも扱いは高貴なものであった、というところであろうか。この血筋の高貴さが、かえって川継に災いし、事件の中心人物にまつりあげられる原因となるのだが。

延暦元年（七八二）正月十六日、川継は因幡守に任命された。因幡国（鳥取県）は上国《じょうこく》で、したがって長官の守《かみ》は従五位下だから、この任命は川継の叙位にともなってのごく正常な人事であった。ただ本来なら当然都である平城京を離れて因幡国へ下向するわけで、朝廷から排除する左遷人事に近くもある。政敵といおうか、少なくとも味方ではない勢力による人事であったことは疑いない。

はたして直後の正月三十日、川継の謀反事件が露見、逃走してその途次の大和国葛上郡（奈良県御所市近辺）で捕らえられた。川継の位階から見ればたしかにたいした謀反事件ではないが、「三関《さんげん》を固め守らしむ」とあるように（「続日本紀」延暦元年閏正月甲子条〈一日〉）、国家・体制を転覆しようとする事件としてその対策が講じられている。この前年に発足した桓武天皇政権を危うくするほどの規模をもつものとして把握されているのである。

事件の顚末　事件の顚末については「続日本紀」に詳しいが、川継は死罪であるものを減刑されて流罪、縁坐で母の不破内親王、あわせて姉妹は淡路国へと流罪となるが、淡路は近流にあたる。

事件は、最初に逮捕された川継の側近ともいうべき資人《しじん》の大和乙人《やまとのおとひと》の自供によって明らかとなる。その計画は、この月の十日に朝廷の北門より乱入、「朝庭を傾け」ることを目標にした。成立したばかりの新政権の桓武政権を転覆し、おそらくは自身が天皇に即位するつもりだったのであろう。桓武天皇が川継の謀反をでっちあげる必然性はないから、川継側の謀議は確かだったと思われる。川継は都を脱出しようとするが捕縛され、謀反だから本来は死罪だが、減免されて結局は伊豆国三島（静岡県三島市）へと流罪になる。妻の法壱《ほういつ》もこれにしたがった。

位階は従五位下、官職は因幡守と朝廷のランクではさしてのものではない川継の謀反事件だったが、その根は深かった。奈良時代を通じて繰り返されてきた政権抗争の再発でもあり、発足したばかりの桓武天皇政権の打倒をはかる、つまり桓武政権のもとで逼塞を余儀なくされた貴族たちが皇位継承資格のある皇統を継ぐ川継のもとに結束、蜂起したのがこの乱である。即位によって政権は出発したものの、桓武天皇のそれがいかに危うい状況のもとでのことかが理解できよう。

この事件によって処分の対象となったのは、まず川継の妻の父の藤原浜成（もと浜足）で、「男も支党」、つまり息子も謀反の関係者ということを理由に、参議・侍従の地位を追われた（『続日本紀』延暦元年閏正月辛丑条〈十八日〉）。本人の関与は不明だが、浜成はすでに桓武即位直後の天応元年（七八一）六月に大宰帥から員外帥《いんがいのそち》へという左遷人事にあっており、謀反事件より半年早くに何らかの〝事件〟に巻き込まれていたことが分かるが、その表面上の理由は『続日本紀』に明示があって、「歴る所の職に善政聞ゆることなし」だったので「任を貶《おと》」すということだった（天応元年六月癸卯条〈十六日〉）。中身的に具体性のないもので、おそらくは川継の謀反行動と関連するかとも思われるのだが、これ以上は不明としかいいようがない。川継との姻戚関係の成立理由は不明だが、奈良時代政治史全体の流れから考えて、少なくともこの姻戚関係の成立によって、藤原氏でありながら浜成は反藤原勢力の一員であると見られることになったのではなかろうか。その忌避がこの左遷人事となった可能性が高いように思う。

史料としての信憑性には問題を残すが、浜成が桓武天皇と敵対していたことがうかがえる記録がある。『水鏡』がそれで、そこに浜成が「山部親王は母いやしくおはす。いかでか位に即き給はむ」と母が卑母であることを理由に、桓武天皇の立太子に反対したことが記されている。たしかに桓武天皇の母高野新笠は、従来の天皇にまったく前例のない渡来系氏族の血を引いていたし、「案外真相の一端を伝えている」ようで（新日本古典文学大系『続日本紀』5 補注）、かわりに推薦したのが尾張女王を母とし、藤原氏と血縁のつながらない稗田《ひえだ》親王であったというのも注意される。要するに藤原浜成は桓武天皇とそれを支える藤原氏の敵対勢力を形成していたのであり、浜成自身は史上に名を残したとはいいがたいが、藤原氏でありながら政治史においては反藤原勢力を構成する一人物だったことは疑いない。この謀反の深刻さをうかがわせる史料でもあろう。

さらに氷上川継事件での処分者は、「或いは川継が姻戚、或いは平生の知友」の三十五人にのぼったという。そのうちで最も注目され、かつこの前後の政権抗争の推移から考えて首謀者と思われるのは、大伴家持である。関係者のなかでは地位の上からも左大弁・従三位と最高だったし、中心人物であることはまず疑いない。加えて右衛士督正四位上坂上苅田麻呂《かりたまろ》・散位正四位下伊勢老人・従五位下大原美気・従五位下藤原継彦の計五人が「職事はその見任《げんにん》（現任）を解き、散位は京外に移す」という処罰に付された。謀反という重罪のわりに、関係者の刑は軽く、事件があるいは冤罪ではないかと推察することも可能だが、ただ大伴家持には事件を仕掛ける動機は十分で、桓武天皇を廃して川継を皇位につけ、政権を奪取しようという意図はもたれていたものと思われる。これまでの家持の行動原理からして、このいきさつはきわめて理解に容易なこととであろう。

三方王のこと

この事件の根の深さをいっそう推測させるのは、三方王《みかたおう》のその後の行動である。すでに「川継に党するを以て」従四位下であった三方王は、日向介に左遷されていた（「続日本紀」延暦元年閏正月辛丑条〈十八日〉）。大国・上国・中国・下国と区分されるなかの中国にあたる日向国《ひゅうが》は、長官である守《かみ》ですら正六位下相当だから、かなり厳しい、いわば降格処分ではあったが、その直後ともいえる三月、「従四位下三方王・正五位下山上《やまのうえ》朝臣船主・正五位上弓削《ゆげ》女王」が「同謀」して「乗輿《じょうよ》を厭魅《えんみ》」、すなわち天皇をまじないによって害しようとして処罰され、三方王・弓削女王夫妻はともに日向、船主は隠岐に流罪となった（同書延暦元年三月戊申条〈二十六日〉）。「自余の支党も亦法に拠りて処す」とあるからこの厭魅事件もそれなりの広がりを持つものかと思われるが、川継事件が暴発などではなく、桓武天皇政権への明白で明確な反旗であることは疑いないことがここからもうかがわれる。川継事件に座して処罰されても懲りることなくまた三方王はやった、と考えられなくもないが、背後にある政治勢力を想定しないことにはこの三方王の行動は理解できず、やはり反桓武勢力は依然として大きかったといえる。

しかもこの三方王は、大伴家持と親交が深かったらしい（目崎徳衛『平安文化史論』）。「万葉集」にいくつもそのことを思わせる短歌が採られていて、三方王の政治的立場の詳細は不明とはいうものの、やはり藤原氏とは一線を画した、というよりも反藤原的立場にいたものと考えるほうがよいだろう。反桓武天皇の行動を取るのは当然であって、これまた桓武政権の成立がいかに多大な反対勢力をかかえてのものであるかが知られる。

大伴家持のこと

大伴家持は大伴氏の中心人物として、実に三度のクーデター事件に関与しており、そしてそのいずれにも失敗しているが、奈良時代政治史の一方の主役であったことは疑いなく、その家持の関与はそれゆえに川継事件の根の深さをうかがわせる。川継謀反の首謀者はたしかに川継だが、その背後には政権奪取をねらう大きな勢力がいたことを見逃してはならないであろう。

ここで少し大伴家持のことに触れておくと、政治家家持の政権奪取への挑戦は、一度目は藤原仲麻呂政権下であった。家持の生年は未詳だが、仲麻呂政権時にはおおむね三十歳代。その折りに、仲麻呂排除の行動を起こしたという。

藤原宇合の第二子の良継は、従兄である仲麻呂の昇進を好まず、さらにその「子姪《してつ》」、つまり目下の仲麻呂の男子たちが自分より昇進するのを見て「忿怨を懐」いて佐伯今毛人《さえきのいまえみし》・石上宅嗣《いそのかみのやかつぐ》とともに仲麻呂を殺害しようとした（『続日本紀』宝亀八年九月丙寅条〈十八日〉）。密告によって事は露見し、この時に今毛人・宅嗣とならんで大伴家持が共謀していた。仲麻呂を排除して反・非藤原政権樹立構想、少なくとも反仲麻呂政権を目指したものであることは疑いなく、良継が「良継独り謀首たり」と単独犯行を主張したので他の人間の処罰は免れたが、奈良時代史の流れから見て家持が参画していたことは確かであろう。仲麻呂政権時点では桓武はむろんいまだ皇位とは無関係で、また政権とも無縁であって、良継が「子姪」に追い越されたのは天平宝字六年（七六二）のことだが、二十歳代半ばの桓武が、家持に対してそれなりの印象というか、警戒心を持ったことは想像しておいてもよいだろう。

二度目がこの川継の謀反事件だが、ちなみに三度目は藤原種継暗殺事件で、この露見は死後のことに属する。生前に家持主導で計画が立てられ、死後に実行されるがこれも失敗に終わる。この事件は明白に反桓武天皇政権のクーデター計画であり、家持の政治的志向性がよく分かる。終始権力の座を目指して生きた人物で、『万葉集』などの文化的行動とはそぐわない人物像に注意したく思う。桓武からは二十歳も年長の家持だったが、桓武にとってはほぼ一貫して政敵だったといってよい。

第四章　長岡京時代

1　長岡京への遷都

桓武天皇と平安時代

天武天皇以来続いてきた天武の子孫、正確には天武系皇統を通例とする皇位の継承は、桓武の父光仁天皇にいたって天智天皇系へと替わった。すでに述べたように光仁天皇には新王朝意識は強くはなかった。高齢であったことと、さらには突然に皇位がまわって来たために、そうした意識を持つにふさわしい時間もなく、またその環境にもなかったのではないか。酒に溺れるふりをして朝廷の対立や皇位争いから逃れようとしたというのも、それを裏付ける。争いにまきこまれる可能性はあったけれども、自分が即位することは、少なくとも本人自身は考えもしなかったから、即位によって目前にせまる政治的課題と、あわせて煩瑣な儀礼を処理するのに必死だったというのが、正直なところかと推察される。

桓武天皇はこれに対して、明確に新王朝意識を持っていた。その背景にはのちに述べるように自分が渡来系氏族の血縁につらなるという、かつてなかった新しいＤＮＡ環境が発生したこと、またそれ以上に政治的必要性、すなわち奈良時代を通じて敵対関係を基軸として進んできた政権運営を止揚し、統一的で中央集権的な強力政権を樹立したいという確固たる意志があった。天皇としての現実的で切実な欲求なのであって、それは権威主義でも形式主義でもなかった。結果として奈良時代という時代環境そのものを止揚し、新たな地平としての平安時代を切り拓くことになったが、桓武天皇の強い決意がそれを成功させたのであり、桓武の決断が歴史の上に果たした役割は大きいと思う。個人の意識や思想が歴史に反映する度合いというか、影響度の強さはそれぞれに異なるが、桓武の場合は実に大きく、多少大げさにいえば桓武がいなければ平安時代も平安京も、したがってその後の日本もなかったといってよいだろう。それくらい歴史の上に果たした役割は大きいものだったとわたしは考えている。

新王朝樹立の意識

桓武天皇が新王朝の樹立者であると意識・認識していた証拠の一つは、彼が行なった郊祀《こうし》と呼ぶ祭祀である。

延暦四年（七八五）十一月、「天神を交野《かたの》の柏原」に祀った（『続日本紀』延暦四年十一月壬寅条〈十日〉）。「天神」には、⑴地祇（くにつかみ）に対する天神（あまつかみ）、⑵雨・雷の神（農業神）、⑶天下・宇宙をつかさどる神、といったいくつかの意味があるが、ここの「天神」は⑶の天下・宇宙をつかさどる神で、宇宙で最高の神のことをいう（滝川政次郎「革命思想と長岡遷都」『京制並に都城制の研究』所収)。すなわち「天命」を「天子」、この場合は桓武天皇に「天命」を与える最高の神であり、桓武が天皇であることのいわば根源をなす神のことである。この二カ月前には藤原種継《たねつぐ》暗殺事件があり、その危機を乗り切った直後にこの祭祀を行なっている。やはりこれは王権・政権の安定、つまりは桓武天皇からの、新王朝の樹立を願うことを目的とするものであったことは明白であろう。

この延暦四年の記事からは、桓武天皇がこの祭祀を行なうことによって何を目指したのか詳細は知られないが、さいわい延暦六年十一月(七八七)、「天神を交野に祀る」とあるごとく、同じ内容を持つ「天神」が河内国交野郡のあたりに祀られたという記事を残している(『続日本紀』延暦六年十一月甲寅条〈五日〉)。この時の祭祀では、神にささげられた祭文(祈願文)も知られ、そこに詳しい祭祀の目的が見て取れる。

交野天神社(大阪府枚方市楠葉丘)
楠葉の地は，長岡京からは淀川をはさんでほぼ真南にあたり，桓武天皇が新王朝樹立を宣言する郊祀を行なった「交野」の地と伝える。付近は継体天皇の樟葉宮の伝承地でもあって，それを示す碑も立てられている。

この祭祀が何に根拠を持つかということだが、まず天神を祀った延暦四年十一月壬寅と同六年十一月甲寅はともに冬至にあたるということが注意される。というのは中国唐に「毎歳冬至に昊天上帝《こうてんじょうてい》を円丘に祀れ」という儀礼があるからである（仁井田陞『唐令拾遺』祇令四甲。『通典』などによる復元）。「昊天上帝」は天帝のことで、まさに天命を帝王に対して与える主体で、桓武の王権を担保する神ということになる。

そこで次に桓武がこの神に何を祈願したかということだが、これもさいわいなことに明記がある。ささげられた「祭文」（唐では「祝文」）には、まず桓武自身を「嗣天子臣」、すなわち天命を嗣ぐ子であり、臣下の私である桓武が「昊天上帝」に向かって述べるという形式をとっている。そして、形式的な表現の部分を除外すれば、そこで主張されているのは「高紹天皇《たがつがすめらみこと》の配神作主、尚《こいねが》わくば饗《う》けたまえ」ということであって、要するに自分の父である高紹天皇＝光仁天皇を、昊天上帝といういわば全能のそれと並べて同じように祀れということであった。天皇としての桓武の王権の根拠になるのは、まぎれもなく初代天皇である神武天皇のはずだが、そうではなくてここに父の光仁天皇を祀っているのは、「光仁天皇が天命を受けて天智系の新王朝を創められた始祖であると考えた」結果であろう（滝川前掲論文）。

要するに桓武天皇は、父光仁天皇からの王朝を新しく天命を受けた新たな王朝と強く意識したのであって、その父光仁天皇が新王朝意識を持っていなかったことはすでに述べたから、桓武のそれが天智系の血筋に基づく皇統であることを主張するものであることは確実である。ことさらに声高に新王朝を宣言することに意味があり、それは桓武の個人的な思想やまた主義・主張としての意味もあったかも知れないが、それ以上に新王朝が樹立されたということを桓武のアイデンティティとしているところに注目したい。新しい、天命の替わった、「革命」による新政権が桓武の目指したものであった。

桓武天皇の治世四半世紀を考えるとき、このような、時代を創《はじ》めるという新王朝意識にじゅうぶんな注意が必要である。

天智天皇への追慕

さらに桓武の新王朝意識で留意されるのは、曾祖父であるその天智天皇への強い帰一認識である。むろん直接にはまるで知らない人物だが、桓武はことあるごとに天智天皇を意識した。少なくとも、意識するようにふるまった。直接的関係にある父光仁天皇ではなく、また皇統の原初である神武天皇でもなく、曾祖父の天智天皇を持ち出すのは、やはり自分が天智天皇系に属し、それ故に新王朝であることを内外に印象付けるものであったというほかない。ただこの天智天皇系であるという新王朝意識が桓武天皇によって前面に出されるのは、かなりのちのことである。

その一つは、梵釈寺《ぼんしゃくじ》の建立である。寺の創立については、

近江国滋賀郡に始めて梵釈寺を造る。

（『続日本紀』延暦五年正月壬子条〈二十一日〉）

という延暦五年の短い記事を残すのみだが、時期はこれで確定できる。天神を祀ったのと同じ時期であり、新王朝認識を深めていた時期と一致する。この寺の正確な位置は現在のところ不明ながら、おそらくは天智天皇の創立にかかる崇福寺《すうふくじ》に隣接するものと思われる。南志賀町廃寺（滋賀県大津市南志賀）の可能性も残すものの（『新修大津市史』1古代、ほか）、崇福寺に南に接して現在は同一遺跡であ

る崇福寺跡に想定するのが妥当であろう（福山敏男「崇福寺と梵釈寺の位置」『日本建築史研究』所収）。そうだとすると桓武天皇はわざわざ曾祖父創建の寺院に隣接させて自分の新寺院を建立したわけで、父でもなく祖父でもなく曾祖父を持ち出すことによって天智天皇系皇統を強調し、それが新王朝であることの宣言の実体化であったと考える以外にない。

この梵釈寺は「延暦僧録」に桓武天皇のこととして、「近江に四天王寺を建て、永く請益を加う」とあるように（「日本高僧伝要文集」所引）、四天王を祀る寺院として出発したらしい。言うまでもなく聖徳太子の四天王寺に先蹤を持つが、四天王は護国経典の「金光明最勝王経《こんこうみょうさいしょうおうきょう》」四天王護国品などに基づく鬼神で、まさに国家を護持する権能を有する。光仁・桓武朝の仏教に護国仏教的色彩は少ないが、即位してより五年、政権基盤のなんとか固まりかけたこの頃に桓武天皇は新王朝・新皇統のいわば象徴としてこの寺を創建したのであった。

もう一つ天智天皇を強調したと思われるのは、「大津」（滋賀県大津市）の名称をめぐる処置である。大津は言うまでもなく天智天皇の近江大津宮の地であり、その宮都名の拠って立つ根拠でもある。むろんすでに天智時代にその名は見えているが、宮都の地位を失なってからは当然首都である大津宮の港の機能を果たさなくなり、「大津」の名もいつしか「古津」となっていた。

平安遷都直後の延暦十三年十一月、「平安京」という宮号を定め、それと同時に

近江国滋賀郡の古津は先帝の旧都なり。今輦下に接す。昔の号を追いて改めて大津と称すべし、と

云々。

（「日本紀略」延暦十三年十一月丁丑条〈八日〉）

と史料が示すように、桓武天皇自ら詔を発して「大津」の名を復した。「先帝の旧都」といい、また「昔」とは天智時代だから、ことさらに天智天皇を強調しようとした改名であることは疑いない。桓武自身の新宮都平安京と、曾祖父天智天皇の旧都大津宮とを結びつけるための「大津」改称であり、やはり新王朝の創始を自分に、また政界全体に印象付けるための行為であったといえよう。

時代は少し前後するが延暦三年（七八四）、桓武天皇は長年にわたって宮都であった平城京から、長岡京への遷都を行なった。

長岡京遷都

遷都とはいったい何か。一言でいえば政治環境の転換である。風景が美しいとか、水がきれいだとかいった抽象的で空想的な理由で遷都が行なわれるわけでなく、特に都城制という大規模建設事業のともなう段階の遷都はそうで、つまりは何か解決せねばならない政治的課題があってのことだった。桓武天皇による長岡京への遷都も、そうした線上で行なわれたものという認識から分析する必要がある。恣意的なものでもなく、また専制的なものでもないのである。政治と密接にからんだ原因があってのことであった。

長岡京への遷都は、中納言藤原種継以下を「造長岡宮使《ぞうながおかきゅうし》」に任命し、「都城を経始し、宮殿を営作せし」めたところから始まる（「続日本紀」延暦三年六月己酉条〈十日〉）。これ以前の長岡京遷都への歩みというか準備、ないし桓武天皇のこの都への心情、想いは知りがたいが、この直後に平城京において「京中に盗賊」が出没し「物を街路に掠《かす》め、火を人家に放つ」といった事件が勃発している（同前十月丁酉条〈三十日〉）。遷都の宣言から数カ月、この間に頻々と平城京に怪事が起こりだしたことから考えても、かなりの平城京廃都・長岡京遷都への反対勢力の存在が知られる。つまりこれらの反対勢力を駆逐、ないしそれから離れるための平城京からの遷都、という政治的目的を持った側面が強いのである。

この政治的課題を解決する方法、選択肢は他にもあっただろうし、別に遷都だけが唯一のものというわけではなかったかもしれないのだが、桓武天皇は新都への遷都を選択した。七十年間、といっても途中に聖武天皇によるほぼ五年の宮都彷徨があるが、皇族・貴族たちばかりでなく一般市民までがなれ親しんできた平城京とその近郊の世界というか舞台を棄てて、新たな政治環境の創出を希求したのであった。桓武とて平城京時代に生まれ、早くより朝廷に官人として出仕していたから平城京への思いはきっと強かっただろう。この点から考えても桓武の決断の大きさをわたしがこの遷都に読み取ることは、あながち間違っていないことと思う。

藤原種継暗殺事件

はたしてこの桓武の決断の大きさを、逆の方向で証明することになる事件が勃発した。中納言藤原種継の暗殺事件である。

藤原種継は、藤原式家の創始者である宇合《うまかい》の孫にあたり、

天皇、甚だこれを委任して、中外のこと皆決を取る。（『続日本紀』延暦四年九月丙辰条〈二十四日〉）

とあるように、桓武はこの種継に絶大の信頼を寄せていた。種継は薨去時には四十九歳。四十八歳であった桓武と年齢もほぼ同じ、肝胆合い照らす信頼すべき友人でもあって、桓武天皇政権を支える最有力者として政治改革に取り組んできた。ちなみにこの段階での政権中枢部の構成員には種継の上席に右大臣藤原是公《これきみ》・大納言同継縄《つぐただ》がいたけれども（『公卿補任』延暦四年条）、それぞれの年齢は五十九歳と五十八歳、年齢が一世代高いことに加えて、史書を検討しても是公・継縄ともにさしたる才能の持ち主でなく、桓武を支え補佐する器量はじゅうぶんではなかった。是公は「長大」で「威容」があり「時務を暁習して、判断滞ること無し」というから（同書延暦八年九月戊午条〈十九日〉）、事務的には才能があったらしいが、継縄は桓武が寵遇した百済王明信《みょうしん》の夫で、「政迹聞えず、才識無し」とはっきり明記されていて（『日本後紀』延暦十五年七月乙巳条〈十六日〉）、自然に種継が桓武天皇をささえる前面に出るのは当然のことであった。その重要人物である種継が殺害されたのである。

桓武天皇はことを知って烈火のごとく怒った。むろんそのような個人的感情を記した史料が残されているわけではないが、「天皇、甚《はなは》だ悼《いた》み惜しみたまふ」という表現からも推察できるし（『続日本紀』延暦四年九月丙辰条〈二十四日〉）、何よりも、率先してただちに陣頭に立って峻烈に事の処理・処置にあたったところからも理解できよう。

この事件の起こった当時、桓武天皇は旧京である平城京に行っていた。残った種継を主導者として編成されたメンバーによる長岡京の建設は、「匠手・役夫、日夜に兼作」、つまりは昼夜の突貫工事で行なわれ、これを種継はみずから「炬《ひ》を照して催し検《み》」ていたところに、暗闇の暗殺犯から矢を射かけられたのである。それが九月二十三日で、重傷を負って翌二十四日に死去するが、報を聞いた桓武は平城京からすぐに長岡京に戻った。大伴継人《つぐひと》・大伴竹良《ちくら》たち「党与数十人」が逮捕、それぞれに「或は斬し或は流」という処罰が行なわれ、あわせてその首謀者と目された皇太子早良親王を廃した。新皇太子には二カ月後に桓武皇子の安殿《あて》親王が立ち、これでともかくもいったん事件は終息した。

これが「続日本紀」に記された事件の概要だが、これは無機質的に描かねばならない正史の性格でもあろうが、これでは桓武天皇の時代を生きねばならない人間としての息づかいがまるで伝わってこない。ことの事実的な経過はむろんこれで知られるが、桓武をはじめこの事件を経験した人たちの、人間としての行動の軌跡や心情を、わたしたちは知りたいのである。

事件の実像

幸いなことにというか皮肉なことに、詳細な事件の経過が正史である「続日本紀」をダイジェストしたはずの「日本紀略」で分かる。正史の価値判断によって棄てられた記載が、異なる価値判断にもとづく「日本紀略」に残ったのである。歴史を考える場合いつでもそうなのだが、残された史料はあくまで残された史料に過ぎないのであって、その紙背や、あるいは消された史料にある史実を慎重に推察しなければならない。そこに書かれていることはただ書かれていることに過ぎないのであって、史実・事実は、また書き残されたこととは別に存在するのである。そこで桓武を中心にすえてこの記事から史実・事実の様相を考えてみたい。

桓武天皇が種継暗殺の報を得たのは平城京にいた二十三日だったが、種継が「賊に襲射されて両箭《りょうせん》身《み》を貫」かれたことを聞いて（「日本紀略」延暦四年九月乙卯条〈二十三日〉）、翌二十四日ただちに長岡京に戻る。この二つの都の間は距離にして二十数キロ、馬を走らせれば数時間のことである。しかし急ぎとって帰したものの、既に種継は死去してしまっており、いっそう怒った桓武天皇はすぐに詔を発して「有司に其の賊を捜捕」させた（『日本紀略』延暦四年九月丙辰条〈二十四日〉）。この間の微細な時間関係はかならずしも明確ではないにしても、桓武がこの事件に強い怒りをもって、また敏速に対応したことは史料の行間からうかがえ、なみなみならぬ桓武の決意が見えてくる。

まず大伴竹良と、実行犯の近衛伯耆桴麿《ほうきのいかだまろ》・中衛牡鹿木積麿《おがのきずみまろ》が逮捕され、これへの尋問・拷問（むろん当時は拷問は違法ではない）が行なわれた。そうしたところ、主税頭大伴真麿・大和大掾大伴夫子・春宮少進佐伯高成と竹良らが「同謀」し、藤原種継を殺害したことを白状した。

さらに大伴継人・佐伯高成の自白で、この事件の背後関係と首謀者が判明した。ことの次第は桓武天皇にとっても驚愕すべきものであって、政権はむろん、桓武自らの生命をも危うくされるような計画であった。強い親近感・信頼感を持っていた種継を殺されたことによる怒りとは別に、事態の発生への激烈な憤怒をともなったのは当然のことでもあった。

継人・高成両人の自白は、

故中納言大伴家持の相い謀《はか》らいて曰く、宜しく大伴・佐伯両氏を唱《いざな》いて以て種継を除くべし。因《よ》って皇太子に啓《もう》して遂に其の事を行なう。

（『日本紀略』延暦四年九月丙辰条〈二十四日〉）

大伴家持　上畳本三十六歌仙絵（藤田美術館蔵）より
穏やかな文化人として描かれていて，辣腕政治家の面影はまったく感じられない。桓武には手強い政敵だったが，文化と政治の両方に足跡を残した興味深い人物である。

ということであったが、さらにこの件で出された桓武の詔によれば事を同じくした仲間・徒党はきわめて多く、

中納言大伴家持・右兵衛督五百枝《いおえ》王・春宮亮紀白麿・左少弁大伴継人・主税頭大伴真麿・右京亮同永主・造東大寺次官林稲麿ら、式部卿藤原朝臣を殺し、朝庭（廷）を傾け奉り、早良王を君とせんと謀りけり。今月廿三日夜亥時、藤原朝臣を殺す事に依りて勘じ賜うに申さく、藤原朝臣の在れば安からず。此人を掃き退けむと、皇太子に掃き退けむとて、仍《よ》りて許し訖《おわ》んぬ。（同前）

という状況であったという。「朝庭（廷）」はいうまでもなく桓武天皇政権をいうし、これを「傾け」るとは桓武天皇の強制退位をいう。桓武政権の崩壊を目指した行動、クーデター計画であり、ことの現実性というか切迫性を示すのは、事件に連なった共謀者がほとんどは非・反藤原氏勢力であるということである。奈良時代以来の政権抗争がそのままに持ち越されているのであり、桓武が取り組み、

解決せねばならなかったそれは重要な課題であったことを示す。

さらにここに、皇太子すなわち次期天皇であった早良親王が関与していることが注目されねばならないだろう。皇太子はそのままに次の天皇になるわけではないが、その最有力の候補であることは疑いなく、その皇太子がクーデターの主役だったということになると事態は深刻である。

皇太子は次期天皇であり、したがって現天皇政権のもとで意を得ない勢力が次を期して寄りついてくる。皇太子のまわりには、今現に表舞台に立てない皇族・貴族たちが次代を期待して集まるのであって、いきおい反政権的な色彩を呈することが多い。

つまり早期に現天皇の桓武天皇の退位を行い、次期天皇の早良皇太子の即位を画策するための事件だったということになり、桓武の行動、生き方をも左右する事件ということになる。ヴォルテージのあがるのは当然で、「即日」に早良を長岡京郊外にあった「乙訓寺《おとくにでら》に出《い》だし置く」、すなわち幽閉することになる。しかし早良は「是の後、太子自ら飲食せず十数日を積む」、つまりはハンガーストライキにおよぶことになるが遂に死亡、その屍はその罪を許されることなく流刑として淡路に移送された。

周知のように淡路は、流刑のなかではもっとも軽罪ではあるが近流の地である。同父・同母の弟、しかも自分が後継者に指名した弟がこのクーデター事件の首謀者だったことに桓武がどれほどの衝撃を受けたかは知るよしもないが、烈火のごとく、という形容詞がふさわしいのでないか。多くの共犯者への処分の厳しさもここに原因する。

さらにはこの事件が、一過性のものでなく、奈良時代以来連綿として続いてきた政権交替の歴史の

天王の森・早良池（兵庫県淡路市久野々）
地元では早良池と称される池で，そのむこうに天王の森が見える。

伝早良親王墓（淡路市久野々）
のちに奈良市の八嶋陵に改葬される以前の，淡路国での墓所と伝える。「天王の森」と呼ばれ，小さなほこらが立っている。

線上にのっとる出来事となると、桓武の思いはいっそう複雑だったであろう。自分の地位を揺るがすかもしれない事件であるのは当然としても、それが時代全体、歴史の流れだということになると事態は通常とはまったく違ってくる。個人的な桓武の地位、それに時代が桓武に与える地位、この両方の側面を持つ桓武の存在そのものに対する脅威であり、桓武天皇は難しい対応を迫られることになった。

こういうときの対応の方法は二つ、懐柔するか、徹底的に打破するか、である。桓武の性格をよく示すと思われるが、彼は徹底的に打破し、壊滅する方向で処理にあたった。
処分は苛烈で、「首悪」の大伴継人、それに高成・真麿・竹良たち六人、それに実行犯二人が「斬」首、しかも実行犯二人は山崎橋南のたもとで見せしめの処刑であった。加えて五百枝王ら死刑を減刑された二人と、その他のこれに次ぐと判断された人々が遠流などの流罪、それに首謀者とされた早良皇太子は餓死、という結果であった。この弟の皇太子の死は、桓武天皇の大きな心理的な負担となって残ることになるのだが、これについては後述したい。

常隆寺（淡路市久野々）
早良親王の霊を弔うために建立されたという。天王の森を少し離れた山中に位置する。

ともあれここに大伴氏一族が深く関係していることが、何よりもこの事件の本質というか、深刻さを物語っている。藤原種継への個人的な怨みなどではなく、要するに桓武天皇政権への政治的な反対行動なのであり、かつ次期天皇に予定されていた皇太子早良の、クーデターという不法で、かつ武力をともなう決起によっての即位を実現しようとしたものであった。種継暗殺はその一過程、手始め、序曲にすぎなかった。家持がこの直前に死去していたこともあって、結果としてはこのクーデターはここで桓武天皇によってつぶされてしまうが、この事件に対する桓武の詔に明記されているように朝廷を転覆し、早良新政権を打ち建てることが大伴氏などの目的だった。桓武自身がどれだけ皇位に執着を持っていたかはよく分からないが、少なくとも政権成立のごく初期であるこのころ、存在としての自らを守るためにもこのクーデター計画の背後勢力を徹底して打破する必要があった。そうでないと桓武の皇位そのものが否定されるわけだし、またたとえこのクーデターを未然に防いでも敵対勢力が残ったのでは、これから以後の桓武朝廷の政権運営も立ち行かない。

種継事件後の政権運営

それゆえ関係者の処分は熾烈であった。実行犯の処刑は当然最高刑の斬罪としても、先に述べたように通行人の多い山崎橋（現存しないが、現在の京都府大山崎町から八幡市橋本にかけての淀川に架されていた橋）で、それが見せしめとして行なわれたことがよく事態をあらわしている。全体像は不明にしても、桓武の怒りの激しさ、憎しみは普通ではなかった。

ただこういう事変のあとの政権運営は、ある意味で楽ではあった。かつての壬申の乱がその例となるだろうし、事変の規模が大きいということは、勝利した方は要するに反対派を強力に打倒し、消滅させた後の政権を動かすことになるわけで、いきおい独裁的・専制的権力をふるうことができることになる。壬申の乱後の天武天皇がまさにそうで、天武自身の有能さはむろんあるが、武力で反対派を打ち倒したのちの安定的な政権――もちろん完全なものではなく例外的な反政権行動はいくらもあるが――を運営すればよいのだから。

しかし桓武天皇の時代は律令政治システムが定着し、それらを無視しての本来の意味での独裁・専制が行なえる時代ではなくなっているし、政権をささえる勢力がなければ政権運営はできない。

事件後に桓武天皇はどのような政権の編成を行なったのだろうか。この点を分析された栄原永遠男氏は、(1)桓武による紀氏の優遇、(2)藤原南家の重視、を指摘された（「藤原種継暗殺事件後の任官人事」『長岡京古文化論叢』所収）。

紀氏というと、われわれは紀貫之のイメージからえてして文人貴族の家系を想像してしまうが、いうまでもなくヤマト政権以来の伝統的名族であって、大伴氏などとならんで長期にわたって政権運営に参画してきた氏族である。当然のことながら天皇・皇族との姻戚関係も密接で、桓武との関係でいえば父光仁天皇の母、つまり桓武の祖母が紀氏の出身だった。また桓武の皇妃中にも紀船守の娘の若子がおり、明日香親王をもうけている。これにヤマト政権以来の氏族伝統も加わって、桓武天皇の紀氏への傾斜が生じたことはある意味で当然で、政権基盤のいまだ固まらない桓武にとって、姻戚関係にある紀氏は頼りがいのある一族だったのでないか。どのような政権でもそうだが、その主導者の所与の位置によって、現在で言えば個人的関係に傾斜するのは歴史の常で、桓武も政権運営論一般とは別にこうしたバイアスのもとにあったのはごく自然なことでもあった。

第二の藤原南家の重視についてはかなりその評価は難しいが、桓武を皇位につかせた功績者の百川《ももかわ》、桓武を衷心で補佐した種継と、ともに式家の有能で信頼しうる人材を失った桓武にとって、種継暗殺事件に見られるように少なくとも反藤原勢力への傾斜は選択肢にはないから、広い意味での藤原氏を政権基盤とするほかない。そういうなかで当時にすぐれた人材を持っていた南家が視野に入ったわけで、いわばそれだけのことともいえた。だから桓武の判断、選択であることには疑いないが、そしてこの選択に桓武が悩んだことも疑わないが、だからといってそれ以上の意味もないのではないかとわたしは思う。

2 長岡京時代への対応

桓武天皇の、新宮都である長岡京への遷都の思い、あるいは願いはいったいどのようなものであったのか。

長岡京への感懐

恭仁京時代などの中断があるとはいえ、奈良の平城京はほぼ七十年の宮都だったし、ここを去ることにはやはり特別の思いと願いがあったと見るべきだろう。長岡京の地が桓武天皇の生誕地であったかは不確実にしても、少なくとも天平宝字八年（七六四）に山部王が従五位下に叙されて以後の二十数年間、平城京が山部王の主たる生活地であって、それ以外の宮都は考えられなかったに違いない。むろん彼に恭仁京などの時代の記憶はなかっただろうし、平城京は桓武の生活そのものの一部であったのだから。

そしてその思いは他の皇族・貴族たちも同じだったはずで、そうしたいわば日常性の破壊という側面をも持つ平城京からの宮都の移転に、反発を感じる勢力・人々は多かったと考えてよい。平城京の廃止は政敵をかえって増すことにもなったわけで、種継暗殺事件もまさにそのひとつであった。そう

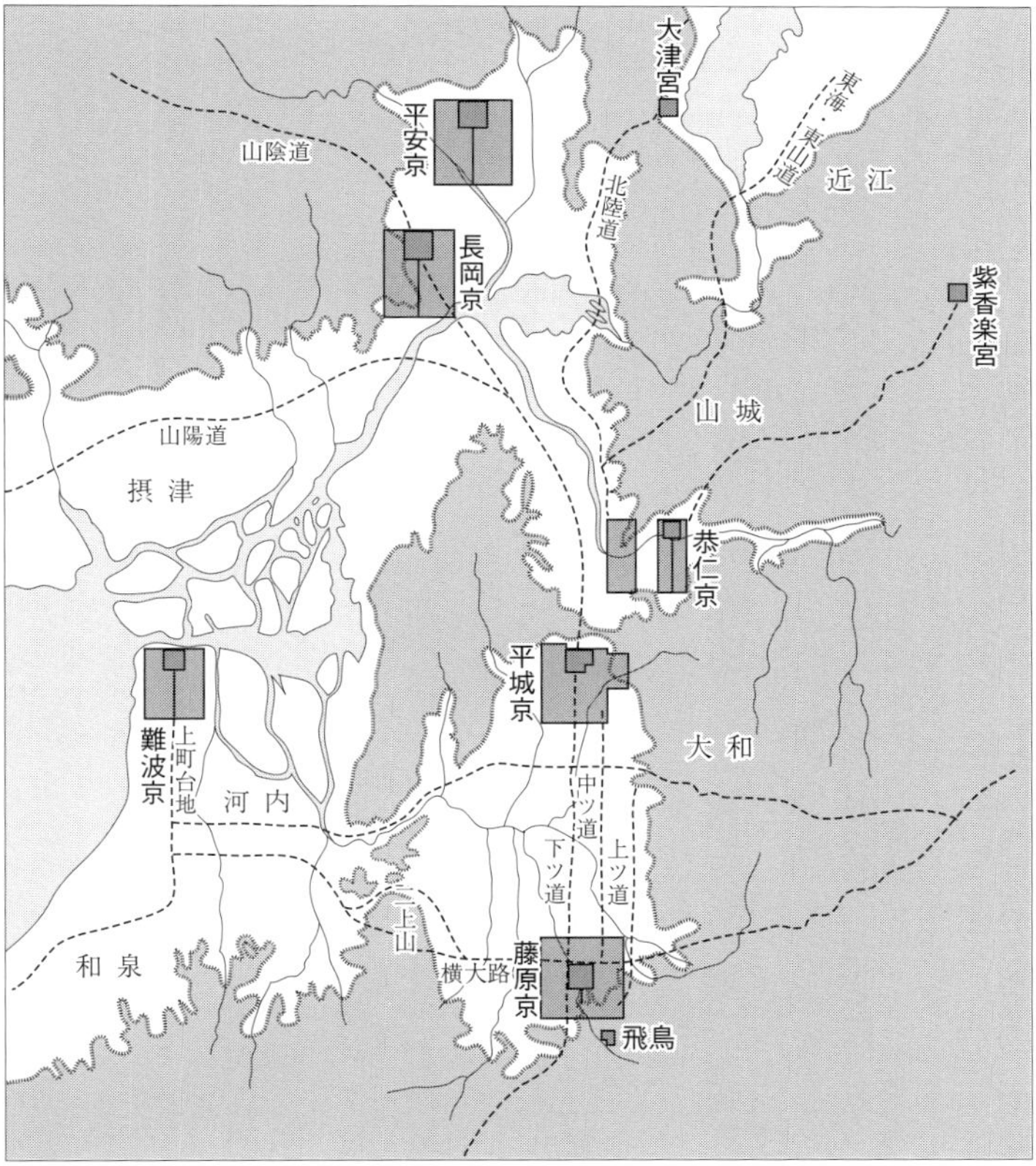

古代の都城と道

古代の都城構造の細部は不明な点が多いが，その概観を示した。道はいずれも平安京以前のそれである。また藤原京はいわゆる大藤原京，恭仁京は足利健亮説による。奈良文化財研究所『日中古代都城図録』を元として作成した。

いう意味ではいわば一種の賭けだったわけで、針がプラス方向を向くかマイナス方向に振れるか、確固たる自信をもっての桓武の遷都政策であったかは疑わしく、不安のなかでの行為だったのではなかろうか。

またこの遷都直後の藤原種継事件の発生は、桓武に長岡京遷都を実行したことへの後悔の念を持たせたことであろう。妙な言い方だが、長岡京遷都という政治環境の転換を実施しなければ、種継は死ななくてもよかったかもしれなかったのだし、さらにそれが桓武の心底に重くのしかかったことはこれまた疑いない。たしかに政治的選択で遷都政策を採用し、政局を切り抜けようとしたのだが、その選択とは別に否定的側面も生じたのである。すべての物事がそうだといえばそれまでだが、新しい時代を切り拓こうとしたことへのリアクションもまた大きかった。

しかも弟を失ってもいる。桓武天皇はタイプ的には、考え込むことはあっても落ち込むという性格ではなかったようだが、幼時に僧侶となって生活を異にし、そのうえ十歳以上年齢も離れたこの弟に、現代的な意味での兄弟の観念があったかはこれも疑わしいのだが、事件の影響は、勝利者である桓武とその行動にも及んだのである。四十八歳、壮年の決断をもって実行した遷都政策ではあったが、暗い影を落としたことにも注意したい。

遷都の意味

遷都とは、すでに見たように政策である。卑近な言い方になるが、権力者が趣味的に実行するものではない。取り組まねばならない政治的課題があって、その解決のために行なわれる。桓武も、ただ抽象的に新宮都がほしいといったような理由で平城京を棄てて長岡京に移ったのでなく、宮都が移動することによってその間に生じる政治的な変動をむしろ利用し、政治的課題の解決をはかろうとしたのであった。そういう意味では種継事件ほどの大規模な変動を予想しはしなかったとは思うが、折り込みずみだったとも考えられる。極端な言い方をすれば、動揺をさそってこれを機に政敵を打倒するのであり、遷都にともなってある程度の動揺は起こってくれねば困るともいえよう。それが予想どおりのものであったかどうかは別にして。

それをもっともよく示すのは、遷都に前後して出された二通の太政官符である。宗教政策でもあるのだが、ここでは政治的な意味を考えておきたい。

まず延暦二年（七八三）六月、「勅を奉じ」て官符が発布された（『類聚三代格』巻十九、延暦二年六月十日太政官符。『続日本紀』には未載）。中身は仏教に関することではあるが、「京職畿内諸国」に「伽藍」すなわち寺院の建立を禁止したものである。理由は、「定額の諸寺」は政令で制限されているにもかかわらず建立が相次ぎ、このままではやがて「地、寺ならざるは無し」という状態になってしまう。そこで⑴「私に道場」（道場とは仏道を修行する場所）を立てることと、⑵「田宅・園地」の寺への寄進・売買とを禁止する、というのである。対象地は京（平城京）・職（摂津職）・畿内（大和・山城・河内・和泉）・諸国で、要するに宮都とその周辺だけでなく全国すべてにおいて、寺院の移転はむろん、新設はいっさいできないということになる。

桓武天皇政権の側からいえば、寺院の新設ばかりか、移転までも禁止することを目的にして、つまりは寺院勢力とその支持集団の勢力をそぐためにこの官符を出したのだが、前例を見ない画期的な政策であった。六世紀中ごろに仏教がわが国に公伝して以来、紆余曲折はあるものの全体としては仏教は日本の国家・朝廷によって奨励・後援され、それがために国家仏教とか官寺仏教とか称されるような状態が現出した。したがってたとえば行基に見られるように、この流れに対抗すると判断された仏教活動は抑制されたが、寺院の建設が全面的に禁止されることはかつてなかった。だから当然大きな教団を形成して、政界にも大きな影響力を持っていた。仏都ともいうべき南都の仏教教団からの猛反発が予想されたはずで、その反発を実のところはさそい出し、撃破することが目的の一つでもあったのだ。

さらにいえば、寺院移転という日本仏教の伝統が、否定され禁止されるというのも異常であった。飛鳥・藤原京から平城京への遷都に際しては、薬師寺・大安寺などの寺院が大挙して新京に移転したし、国家の庇護を必然とする古代日本の寺院だから、宮都の移動とともに新しい宮都に密着を余儀なくされる。まして大和国の平城京から山背国への遷都なので、かなりの距離を隔てることにもなる。当然新宮都に移転しなければ教団は維持していけないわけで、それを禁止したわけだから画期的な政策なのである。つまり寺院という教団への抑圧政策の面を強く持つわけで、宗教政策というよりも、寺院の持つ教団という世俗権力を抑圧するために出された官符でもあった。

しかしこれだけでは桓武にとって実は不十分であって、現にまだ南都のそこに教団はあるし、僧侶もそこにいる。この官符によって教団・僧侶の活動は以前よりは停滞はするけれども、抑圧つまり減退させるというほどの効果をあげることはできない。どこに政府・官公庁が位置し、皇族・貴族の邸宅はどこにあり、それらの人間関係がどうなっているかという、宮都の在り方というか構造は従前のままなのだから。決定的に教団勢力を打破するために、新たにこれを追う政策の発布が必要であった。また、それが出されたかどうかが桓武の新宮都にかける気持ちを知る材料になる。

この官符発布の翌年十一月に、長岡京遷都は行なわれた。

そしてさらにその翌年の延暦四年五月、僧や尼の「里舎に出入することを禁断」する太政官符が出された（「類聚三代格」巻三。「続日本紀」延暦四年五月己未条〈二十五日〉）。いうところは、近時多くの僧尼たちが仏法にそむいて、(1)私的に「檀越《だんおつ》」（パトロン）を定めて「閭巷《りょこう》」（ちまた・市街）に出入りし、また(2)「仏験」（仏の霊験）と称して「愚民」をあやまたせているので、僧尼が今後このような行動をとれば「外国」（畿内より外側の国々）に排除する、というものである。僧尼たちの日常的宗教活動ともいうべき貴賤の間への接触、すなわち布教を禁止しているわけで、これまた例を前に見ない宗教統制である。

この官符で桓武の目的は完遂される。なぜならば、宮都はこの官符の時点ですでに長岡京に移転しており、しかし延暦二年官符で寺院移転はすでに禁止されているから、教団勢力はすべて奈良に止められたままである。この四年官符で寺外での活動がさらに禁止されたから、教団・僧尼はこれで新宮都の長岡京での宗教活動はいっさいできないことになってしまう。つまり教団の活動、もっといえば仏教教団の政治への介入を阻止・禁止するために平城京を離れ、長岡京へ移ったという側面が強いのであり、この遷都が政治課題解決のためということをよく示している。桓武の個人的な〝思い〟があ

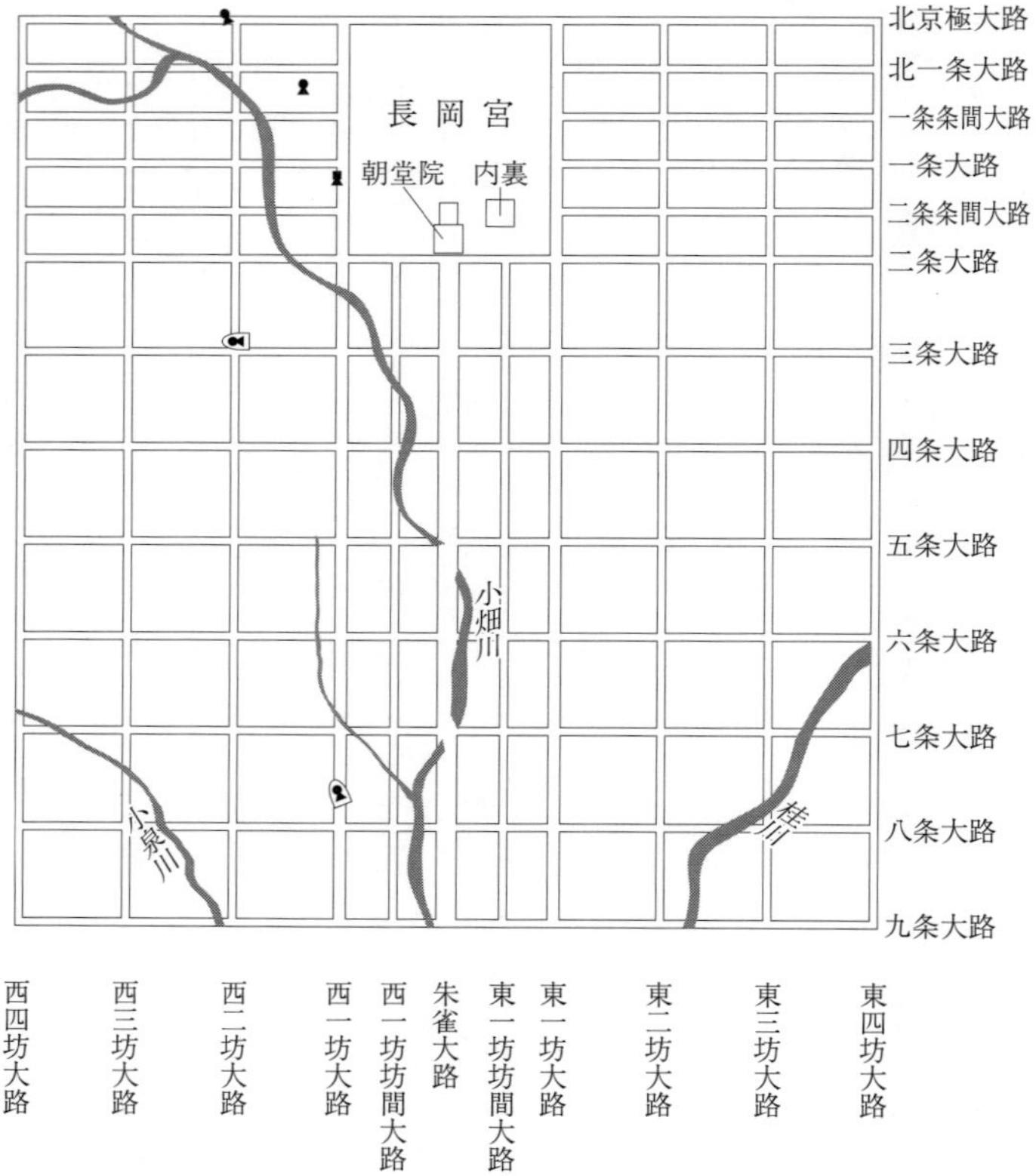

長岡京

都城の全体像はなお未解明な点が多い。京内には中央に小畑川，南東に桂川，南西に小泉川が流れていて，頻繁に洪水に襲われたことが推測される。ちなみにわたしの記憶する時代にも何度か洪水を起こしている。

ったことは否定できないだろうが、主たる遷都の目的は新しい政治環境を創出することであって、この遷都は桓武にとって将来を賭けての行動であったことに注意したい。

長岡村の選定理由

さて乙訓郡長岡村の地が新宮都の対象地となった理由だが、これはよく分からない。主都が基本的には北上するという原理を認め、結局は山城盆地の北詰めに位置したのだといわれるのは岸俊男氏だが（『日本の古代宮都』）、結果としてそうなったことは事実にしても、そう意図されて長岡京の地が選ばれたことは証明できないように思う。

史料のうえでここが新宮都になった理由を述べるのは、他ならない桓武自身の詔である。そこには「朕《われ》、水陸の便あるを以て、都をこの邑《むら》に遷す」とあって（「続日本紀」延暦六年十月丁亥条〈八日〉）、これによれば、「水」は水上交通だし「陸」は陸上交通だから、つまりは交通の便がよかったからここ長岡村に遷都したということになる。桓武は交通の便に着目して長岡京に遷都したというのである。

しかし交通ということでいえば、他にもすぐれた環境の地はある。たとえていえば摂津難波がそうで、水上交通といい海上交通といい長岡村の地よりずっとすぐれているといってよいだろう。長岡京の地の交通の便がよいことは否定できないにしても、それが唯一無二の理由ではないということであり、これが長岡京への遷都の理由とはいいがたい。

しかもこの桓武の宣言は延暦六年、長岡京遷都からすでに三年も隔てて出されている。遷都を振り返って、結果として交通の便宜に理由を求めたものであって、ほかならない遷都すべき地を選んだ第一の理由を示すものではないだろう。

次に考えるべきは、長岡村の地が渡来人・渡来文化の中心地だということである。桓武が渡来系氏族の血縁につらなることを強く意識していたことは周知のことだが、その渡来系氏族、特に秦氏一族が山城国に色濃く居住した。その根拠地に桓武は新宮都の地を求めたのであり、〝血〟がもたらした選定といってよいのではないか。自分の血縁につながる人々が多いここ山城国の地に、まさに血縁をたよって遷都したのである。むろんこれは現在で言うような血縁、血のつながりといったようなものではなく、朝鮮半島出身者が先祖であるといういわば同族意識といったものだが、桓武天皇は新政権のひとつの活路をここに見出したのであった。奈良時代後半期の政治状況をわが目で見てきた体験と、未来への予見から、自信をもって渡来人の里に新宮都を建設しようとしたのであるとわたしは考える。どれだけ頼りになるかの確信はなかったかもしれないが、とにかく自分を支えてくれるだろう勢力を心から必要としていたことだけは間違いない。渡来人の居住地を新宮都の地に選んだのは、桓武自身の政権運営の必要性と、時代が新奇なもの、といって適切でなければ、新王朝・新政権を支えることができ、かつ旧来の政治的しがらみから比較的自由であった渡来人勢力の居住地を選定したのだということである。

桓武天皇生地説

最後に考えるべきは、長岡村の地は実は桓武天皇の生地でなかったかという点である。古代を生きた人々の生地はほとんどが不詳で、したがって多くを推定に従わざるを得ないのだが、桓武については有力な分析がなされている。古代の婚姻形態からする推定で、妥当性はあるように思う。すでに触れた村尾次郎氏『桓武天皇』の論であり、再論はなるべくさけるが、古代の貴族階級一般の婚姻は招婿婚（妻問婚ともいう）と呼ぶもので、婚姻の成立後原則として夫と妻は同居しないことが多い。この婚姻形態を取ると、そこに生まれた子は哺育の必要上当然母方で養育されざるを得ないことになる。

それで桓武の場合だが、父光仁天皇の白壁王時代は階層的には一般の貴族層とほとんど変わらなかったから、白壁王と高野新笠との婚姻も貴族一般のそれであると考えられ、とすると招婿婚ということになり、生誕からしばらくは桓武は母方で育ったことになる。

桓武の母は高野新笠《たかののにいがさ》であるが、この女性の元の姓は和《やまと》氏である。この和氏の乙継《おとつぐ》と、ヤマト政権時代からの豪族である土師《はじ》氏の土師真妹《まいも》との間に生まれたのが新笠ということになる。この乙継と真妹との婚姻形態もたぶん同様に招請婚で、したがって生まれた子新笠は母方で養育されたと考えてよい。そして、土師氏自体は他地域にも広く分布したが、真妹の属するこの土師氏は山城国乙訓郡を居住地としていた。したがってここに住む土師一族の出身の女性である新笠の子の桓武は、当然山城国で養育されたわけで、夫の乙継との婚姻も同居しないものとすれば、生まれた桓武は母方の膝下で育ち、つまりは山城国乙訓郡で育ったということになる。

後年新宮都の選定が問題となったとき、自分が生まれ育った地が念頭に浮かび、そこへ遷都するというのはありえないことではなかろう。問題は平城京を去ることにあったのだし、行く先はそれとは別の問題で、極端な言い方をすればどこでもよかったということである。そこで、きわめて個人的なことではあっても、桓武が自分の生まれ育った地を推し、それが通ったことは十分にあり得ることといえる。この生地説には十分な史料的証明がともなわないが、可能性としては考えておくべきことである。この考え方が当たっているとすれば、長岡京を選定したことのいわば責任は、すべて桓武天皇にあるということになる。藤原種継事件などへの責任を過剰なまでに感じることになる原因は、ここにもあるのではないか。

長岡京遷都のプロセス

長岡京への遷都は、何をめざしたのか。この遷都によって桓武天皇は、どのような政治的課題を解決しようとしていたのか。

一つは政治環境の改善である。敵を打倒し、自派を強化することで、至極普通の配慮でもあったが、遷都を契機として政権を強化することがめざされた。遷都という政策をリトマス試験紙としたわけで、この政策への賛否によって敵と味方をふるいわけようとしたといえる。種継暗殺事件は、あらわれかたが激烈ではあったが、そういう意味では折り込み済みのことともいえた。

今一つは文字どおりに人心の一新で、新王朝にふさわしい新宮都の創出であろう。曾祖父天智天皇の近江大津宮にならうものでもあり、天智の遷都は即位（称制）六年後で桓武のそれが三年後という時間も、何かしら類似性を感じさせる。即位し、政治改革に取り組むなかで新王朝という意識が徐々にはぐくまれ、やがて平城京を去り、新宮都長岡京への宮都移転の構想がかたまったのでないか。

これに関して注目されるのは、蝦夷制圧と遷都がセットになっているという考えである。いうまでもなく両者が同時に行なわれるというのは一見奇異な現象で、ともに国家財源をはげしく消費する政策が二本並行することになる。その意味では、奈良時代末・平安時代初期の緊縮財政時代には適切な政策とはとうてい言えず、たしかに理解に苦しむ。

しかししばしば述べてきたように、桓武天皇の政権は新王朝であることを強く意識し、したがってその王朝の創業を物語ることに大きな力が注がれた。壮大な宮都を建設すると同時に、国家の版図の確定が重要な政策となった。いかに資金がかかろうとも、この両者を推進することは、桓武天皇の、天命を受けた天子としての世界支配を論理化するために是非とも必要なことであった。蝦夷制圧はむろん累代の天皇の悲願ではあったが、特に桓武が熱心にこれを推し進めたのは、こうした彼の国家構想に関わるものであったことを見逃してはならないだろう。いかに日本版であれ、中華思想に基づいた国家統治、宇宙支配を行いうる「天子」であるためには、中華に対立する、中華を存在せしめる夷狄がかならず存在しなければならない。新王朝を根拠づける新宮都とならんで、蝦夷制圧も並行してかならず実施されねばならないものなのであった。

長岡京の実態

長岡京建設の中心人物を、桓武天皇は藤原種継と定めた。彼の叔父百川との縁故もあり、そして何よりも種継の能力の高さに着目していたのである。何度も触れたように、二人の関係は肝胆相照らす、刎頸の仲であった。新王朝にふさわしい宮都の建設に、このいってみれば親友を据えたのは、ごく自然なことであったといえよう。

延暦元年（七八二）四月、桓武は、

区宇に君として臨み、生民を撫育するに、公私彫弊して情《こころ》、実《まこと》に憂う。方《まさ》にこの興作をしりぞけてこの稼穡《かしょく》を務め、政《まつりごと》倹約に遵《したが》いて財倉稟《たからそうりん》に盈《み》たんことを欲《ねが》う。

（『続日本紀』延暦元年四月癸亥条〈十一日〉）

から始まるごく短い詔を出した。そしてこれに続けて、

今は、宮室は居らんに堪え、服翫《ふくがん》は用いるに足れり。（中略）造宮・勅旨の二省、法花・鋳銭の両司を罷めて、府庫の宝を充て、簡易の化を崇《たっと》ぶべし。

（同前）

と述べた。要するに「宮室」、つまり宮都の構成・内実はすでに十分で、したがって造宮作業にあたる官庁は必要ないからこれを廃止することを宣言したわけで、たとえば喜田貞吉《きたさだきち》氏のごとく早くより言われているように（『帝都』『喜田貞吉著作集』五「都城の研究」所収）、この宮都は完成したという宣言と、その宣言の舌の根もかわかないうちの平城京の廃都と長岡京の造都とは、明らかに矛盾するものといわねばならない。そこでこれはいわば桓武のかけたフェイントであって、平城京居住者たちの油断を誘い、そのスキに遷都という政治行動をとるために詔が出されたのだという推定がなされることになる。そうしたフェイントを必要とするほどこの長岡京遷都は、危機的というか緊迫した状況のなかでなされた政治行為であったのだ。

長岡京は結局は十年の短命に終わりはしたが、それは結果論であって、当初は日本の宮都として十全の役割を果たすがために建設された。物理的なミヤコとしての成立過程はここで追求する必要はないが、たとえ十年であってもこの間には精力的な建設事業が繰り広げられたのであり、そのことには注目しておかねばならないであろう。日本の政治・経済・文化の中心地として、この宮都は建設されたのである。

長岡京の造営事業

長岡京の造営には、難波宮（大阪市中央区）の資材が再利用されている。わたし自身、長岡京跡の発掘作業に学生時代の昭和三十五年（一九六〇）からほぼ十年にわたって断続的にではあるが携わって、いくつもの重圏文《じゅうけんもん》（いくつかの同心円を描く文様）を持つ瓦を発掘している。この瓦は難波宮特有のもので、それが淀川水運を通じて長岡京にまで運ばれ、再利用されたものである。

ということは長岡京の造営は、難波宮の廃絶をも意味するということである。長期間にわたって副都ともいうべき位置を占めた難波宮がこの時に廃止され、長岡京という単一の宮都となったのである。天武天皇朝以来の、中国の制度にならい、天武天皇が「およそ都城・宮室、一処にあらず。必ず両参造らん。故に先ず難波に都つくらんと欲《ねが》う。」（『日本書紀』天武天皇十二年十二月庚午条〈十七日〉）と宣言して飛鳥のそれとは別に難波宮が営まれ、これによりはじまった複都制はここに終わりを告げ、唯一の宮都としての長岡京が造営されることになる。むろん二つの宮都を一つに統合して財政削減しようという政治的意図もあっただろうが（岸俊男『日本の古代宮都』）、わたしはここに桓武天皇による難波宮の否定に、難波宮を造営した天武天皇ないし天武系皇統の否定の強い意志を読み取りたいのだが、

長岡京跡発掘現場（京都府長岡京市開田）と**出土木簡**（蘇民将来護符）
左は右京域の調査地。これらの柱穴をつなぎあわせて建物を復元するが，複雑に重なり合っていて困難な作業である。また発見された遺物から当時の暮らしの有様も分かる。右は「蘇民将来之子孫者」と記された木の小片。穴に紐を通して首からぶら下げたもの。疫病よけの札で，庶民の願いが伝わってくる。

いかがであろうか。

財政節減のために二つの宮都を一つに統合したというのはたしかに分かりやすく、かつ有り得る想定だが、桓武が強く天智天皇系統の皇統、つまりは新王朝の創立を意識していたことも事実だから、ことさらに天智天皇を強調し、逆に天武天皇を否定することもこれまた有り得る想定だと思う。長岡京の造営は、財政支出の削減に名を借りて、皇統の移動を正当化する政治行為でもあったのだ。そういう意味で長岡京遷都には桓武天皇の強烈な志向があらわれているのであり、単に宮都の位置を変えたというにとどまらないものであった。長岡京のカタチとしての実態とその意味については、すぐれた成果を示された山中章氏の論考にゆだねるが（『長岡京研究序説』）、古代史上ほぼ六十カ所見られる宮都は、ただその時々の天皇なり豪族・貴族なりが気分にまかせて遷都したものなどではけっしてない。かくされた深い意味が背後にひそんでいることに着目しなければ、長岡京遷都も解くことはできないということである。

この長岡京については、桓武天皇とは離れるが中山修一氏について触れないわけにはいかない。

中山修一の役割

中山修一（一九一六～九七）は長岡京の地元の名家の出身で、京都師範学校を経たのち京都大学に進み、地理学を学んだ。わたしは中山の高校教師時代に京都市立西京高校でその教えを受け、京都大学文学部に入ってから学生として先生のもとで発掘調査に従事したのである。最初はほとんど中山個人の私費投入に等しい調査であったが献身的にこれを実行、たまたま調査地が自分の所有する田地であったことも幸いしたのだが、幻とも謎ともいわれ、その実在のまるで信じられていなかった長岡京の姿を解明することに成功した。わたしは文献史学の人間ではあったが、その調査過程に最初補助員、ついで調査員としてたずさわり、長岡京の実像の解明に自身の手と眼で立ち合った貴重な経験を持ち、その中山の苦労と努力はいまでもよく記憶している。

ここで桓武天皇の生涯と関係しないであろう中山の名を出したのはほかでもない、桓武という実在した歴史上の人物の実像を解明するのに、現代の一人物の活躍が大きく関係するということを言いたかったからである。歴史というのはそういうものであり、後世の人間が掘り起こさなければ時代のなかに埋もれてしまい、忘れ去られてしまうのであって、たとえ桓武という天皇であってもことは同様で、地道な後世の研究者のこだわりと関心があってはじめて史上にその姿をあらわすことができるのである。むろん中山修一の背後に教え子やまた地元の人々の善意の協力があったことを見逃してはならないが、もし先生の存在がなければ、長岡京の実像が明らかになるのはもっと遅れたであろうことは確かである。

やがて調査・研究は京都府や京都市・向日市・長岡京市・大山崎町などよって公的に行なわれるようになり、多大の成果をあげて長岡京像はそれなりに解明されてきた。発掘調査の成果は文献史学で

中山修一

中山修一記念館（京都府長岡京市久貝）
「中山京」とまでいわれた長岡京の発見に大きな功績をあげた。自宅の一隅が遺族によって長岡京市に寄付され，ゆかりの品や蔵書がおかれて記念館となっている。

はなかなか扱いにくいものだが、ここではその一部である内裏の独立についてのみ考えておきたい。

内裏の独立

山中章氏の指摘によれば長岡京大内裏について、⑴内裏が大極殿院から分離し東側に移転すること、⑵大極殿と朝堂院が同一空間になること、⑶豊楽院が独立すること、の三点に整理されるという（『長岡京研究序説』）。文献ではこうしたことはよく分からないが、考古学の知識によってはじめて解明されることができた。むろん本書は桓武天皇の生涯を追うことが目的で、長岡京の姿かたちを解明することではないのだが、ここで取り上げたいのは⑴の内裏の独立である。

日本都城が中国のそれを模倣したものであることはいうまでもないが、日本大内裏は、中国長安においては皇帝の居住空間である宮城と、政府官公庁である皇城とから成る。つまり日本内裏に相当する中国宮城は、日本でいえば二官八省にあたる皇城とは截然と分離されていた。多少極端な言い方になるが、中国では既に皇帝の家政と、国家の政治とは分離されていたということであろう。日本ではいまだ天皇家政と国家機構とが〝一体〟であったということであり、中国に比べれば国政は未成熟な段階にあったということになる。

しかしここで考えねばならないのは、そうして分離された長岡京の内裏が、現実にどのような使用のされ方をしているのかという点である。山中氏が言うように、要するに「天皇による内裏での聴政の実施」のためなのであり、これも極端にいえば天皇親政とまではいわないにしても、天皇への権限の集中、国政の把握という桓武天皇の意図があったことは疑いなかろう。そしてそれは延暦七年からはじまる長岡宮の拡張・整備によるものであるらしく、この年にはまさにそれを象徴するかのように桓武天皇自身が、すでに触れたが延暦四年についで天神を交野に祀っている。この延暦六年（七八七）十一月に行なわれた交野郊祀は、桓武による新王朝創始の宣言の一環でもあり、これとほぼ同時に内裏を朝堂院から分離するという大内裏の大改造がなされていることは、桓武天皇の中国なみの強力な王権創出への意志から出たものなのである。専制的王権樹立への一つのステップと見てよく、文献の伝えない桓武の人物像を知ることのできる証拠とわたしは考えている。

3　長岡京の廃絶と桓武天皇

長岡京廃都の原因

桓武天皇はわずか十年で長岡京を廃都とするが、その理由についてはよく分かっていない。早く喜田貞吉氏が平城京から長岡京への遷都にからめてこの短期間での廃都に疑問を呈したが（『帝都』）、それは奈良時代末以来の財政緊縮の状況下で、なぜいっそうの財政支出をともなう新しい遷都をしたのかという点である。まことにその通りで、常識的には新たな遷都など考えられない。それが平安遷都になったのはいったいどういう理由なのか。何か理由があったことだけは確かであり、それは何なのか。

奈良時代末から平安時代初期にかけて生きた有名人に、和気清麻呂《わけのきよまろ》（七三三〜七九九）がいる。その清麻呂の亡くなった時の伝記に、長岡の新都、十載を経て未だ功成らず。費《つい》勝《え》げて計《かぞ》うべからず。清麻呂潜《ひそ》かに奏して、上《しょう》（桓武天皇）をして遊猟に託して、葛野《かどの》の地を相せしめ、更に上都に遷す。

（『日本後紀』延暦十八年二月乙未条〈二十一日〉）

とある。要するに「十載」、十年を経ても長岡京は完成せず、その間の財政の費消は膨大で、「計うべからず」というほどだったといっている。つまりはこうした財政支出を停止し、その費消の軽減をはかることが長岡京から平安京への遷都の主たる目的だというのである。

たしかに奈良時代末・平安時代初は、主として聖武天皇の時代にかかる藤原広嗣《ひろつぐ》の乱や、また大仏建立・国分寺造営などによる巨大出費の、いわばツケがまわってきた時期で、財政緊縮を余儀なくされた。長岡京建設が「費勝げて計うべからず」というのも、嘘ではなかろう。桓武はたしかに財政問題に、歴史の巡りあわせとはいえ悩まされていたし、取り組まねばならない重要な国家的政治課題であった。しかしもし財政削減のみが長岡京廃都の原因であるとすれば、あらためて膨大な支出をともなう新宮都の造営はいっそうの財政の悪化をまねくわけで、財政問題だけを長岡京廃都・平安京遷都の原因とするわけにはいかない。

秦氏援助とその断絶

長岡京の建設に渡来系氏族の秦氏が広く関与していたことは、早くから指摘されているし、わたし自身もその関わりの深さはそのとおりだと思っている（井上満郎「秦氏と宮都造営」『古代の日本と東アジア』所収）。

さらにまた、秦氏を含む渡来人と桓武天皇が密接で深い関係を有し、桓武自身も自分に流れる渡来人DNAを深く意識していたこともすでに何度も触れた。新王朝を標榜し、また意識の上でも事実の上でも桓武を支える重要な基盤が渡来人であったことは、桓武朝廷や桓武の身辺の随所に確かめることができる。

長岡京遷都への秦氏の貢献は、これに疑問を呈する人もあるが、ほぼ事実と考えてよい。宮都建設という公的・国家的事業に、秦氏という私的存在がどれほど関与し、まして私財をどれほどに投入し、またその代償として何を得たかということは明確には不明としかいいようがないのだが、関与していたとわたしが推定する根拠は、その建設事業への公的な関わりである。

個々の官僚の任命にどこまで桓武が関わったかも不明と言うほかないが、たとえ不明だとしても、そして桓武がこれに直接に関与していなかったとしても、桓武の意を察して官僚たちが動いたことは十分に考えられるだろう。つまりはそこに桓武の内々の意向が働いているのであり、したがって桓武の長岡京遷都と宮都造営に対する姿勢をここからうかがうことは決して誤っていないと思う。

渡来人と長岡京との関係では、まず秦足長《はたのたりなが》の例がある。延暦三年（七八四）十二月に彼は「宮城を築き、従五位上」に叙されている（『続日本紀』延暦三年十二月乙酉条〈十八日〉）。正八位下からの昇進だから、実に十一階級の特別昇進ということになる。他に例がないわけではないが、異例であることは疑いなく、足長の貢献がいかに大きいものであったかを示すものといってよいだろう。彼は山背国葛野郡（現・京都市右京区、西京区周辺）に本貫（本籍地）を持っており、いわば地元の豪族として私財をもって長岡京の造営に協力したものと考えるほかない。

翌年の延暦四年には大秦公宅守《うずまさきみのやかもり》が「太政官院の垣を築」いたことをもって、従七位上から従五位下に昇進した（『続日本紀』延暦四年八月乙酉条〈十八日〉）。こちらは七階級の特進である。彼ら二人はたしかに国家の経済関係官庁の官僚ではあるが、ただの経済官僚としての任務であれば、長岡京建設事業に貢献するのは官僚としての当然の勤めであり、褒賞の対象となるはずない。それが異例ともいえる昇進を果たしているのは、それだけの職務外の功績があったからであり、それは私財の提供以外には考えられない。

秦氏の宮都造営への貢献には、前例がある。天平十二年（七四〇）からはじまる恭仁京造営の際の秦下島麻呂《はたしものしままろ》の例である。島麻呂は恭仁京の「大宮垣」を築いて、その功績によって「太秦公《うずまさきみ》」の姓と、銭などを下賜されたが、あわせて正八位下から従四位下へと実に十四階級の特進を果たしている（『続日本紀』天平十四年八月丁丑条〈五日〉）。この例に知られるように、宮都と秦氏ないし渡来人との親密・密接な関係の伝統はむろんあるのだけれども、それとは別に桓武の個人的な渡来人への傾斜は疑いない事実であり、この秦氏のいわば後援が断絶することは、確かに長岡京の維持と拡大に物質的にも精神的にも重大な影響をもたらす。

この秦氏後援説は、秦氏の秦朝元《ちょうげん》の娘を母親とする藤原種継を今ひとつの媒介とする。つまり種継は母親を介して外家である秦氏の援助を頼み、その私的財源をいわば引き出して長岡京建設にあたったというのである。したがって種継の死によってこの関係が切れれば、秦氏との関係も消滅し、財源も枯渇、長岡京建設は停滞し、新京の平安京に遷らざるを得なかったということになる。長岡京遷都の翌年に起こった種継暗殺が、長岡京が放棄された大きな原因だとみるわけである。

しかし長岡京が、秦氏の経済的援助だけで保たれていたのでないこともまた事実であろう。桓武天皇時代の諸問題を考察するとき、その渡来人重視の傾向には大きな留意と評価が必要だと思っているし、この長岡京についても同様の考えだが、長岡京廃都が秦氏との関係においてだけ行なわれたというふうには思えない。ましてもし種継暗殺が原因とすると事件発生は延暦四年だから、その後も造営はかなり行なわれているし、この事件が桓武の心情にダメージを与えたことは疑えないにしても、これのみを廃都原因とするのには躊躇を感じる。

洪水の被害

長岡京域には、小畑《おばた》川という、小さくはあるが洪水を頻発した河川が今も流れている。わたしも記憶にあるからつい最近まで洪水を起こしていたのだが、治水の発達しない長岡京時代には、もっと頻繁に洪水があったと考えられる。

わたしが長岡京跡の発掘調査に関与していたのは昭和三十年代後半から四十年代にかけてだが、朝堂院地区の東側の比較的低地と思われる場所ではしばしば洪水跡と思われる痕跡を確認している。水流によって運ばれたと思われる砂礫にぶちあたること頻繁で、文献史料を待つまでもなく洪水に長岡京が襲われたことは明白である。桓武天皇がこのしばしば長岡京を襲った洪水をさけるために、新たな地理の地に遷都するというのはあり得ることではあった。

しかしもし洪水の被害をさけるがために遷都したとすれば、これにまして洪水の被害を受けた平安京においても、遷都が何度も構想されてよいということになる。これまた私事だが、鴨川の洪水は知らないが桂川のそれは何度もわが目で見たことがある。平安京でいえば桂川の洪水は右京域に大量に流れ込んだはずだし、平安京もただちに他に遷都されていたということになる。実際にはそういうことはなかったし、ということは洪水を主原因としての長岡京廃都ではなかったことになる。

さらにいえば長岡京の洪水は、内裏・八省などの位置する、比較的高地であった西山丘陵上に営まれた大内裏域を襲うことはなかった。低地に居住を余儀なくされた市民・庶民たちは被害を受けても、皇族・貴族たちはその被害を実感として受けとめる機会は多くはなかった。桓武も同様で、洪水をもって他に遷都しなければならないと感じたとは考えられない。副次的な原因にすぎなかったのではないか。

怨霊の跋扈《ばっこ》

そこで次に想定されるのが、先にも少し触れた早良親王の怨霊のことである。延暦四年九月に桓武の側近の藤原種継が暗殺され、その主犯として桓武の同父・同母の弟で、皇太子であった早良《さわら》親王が逮捕、親王は抗議のためであろうがハンガーストライキの果てに餓死する。これで終わればそれだけのことだったが、偶然とはいえこの後に桓武の身のまわりにいくつもの不幸が襲う。

まず延暦七年（七八八）五月に夫人の藤原旅子《たびこ》が死去する。桓武は皇妃の多い人だったが、それでもこの旅子は桓武には自分に皇位への道をつけてくれた恩人とも言うべき藤原百川の娘だったし、実際その間に生まれた大伴親王は淳和《じゅんな》天皇として即位もしており、皇妃のなかで重要な人物だった。それが三十歳で死をむかえる。

翌年十二月、今度は桓武の母の高野新笠がこの世を去る。年齢は不詳だが桓武の五十三歳からするとそれなりの年齢に達していたではあっただろうが、それでも不遇な死に方をさせた早良と同母で、その母が死去したことは桓武にとって精神的に大きな打撃であったことは想像に難くない。

さらに翌年皇后の藤原乙牟漏《おとむろ》が、三十一歳の若さで死去した。早良に代わって皇太子とした安殿《あて》親王の母だからつまりは早良に被害を与えた側にあり、いわば怨霊の当事者ともいうべき人物でもあった。立て続けにこれらの近親者を失ったことは、たとえ桓武が精神的に頑強な人物であったとしても不安状態に追い込まれる。何が原因でこのような不幸に見舞われるのか、と悩んだことだろう。

さらに加えて新皇太子に立てたわが子の長患いである。どうもこの皇太子安殿は生来ひ弱な体質だったらしいが、この病気をも早良の怨霊のせいだと意識した。その悩みは、桓武の早良親王への処遇からよく見えてくる。

弟の早良親王

早良親王は桓武の弟である。すでに述べたようにその前半生についてはよく分からず、生年すらも知られていない。ただ早くに出家したようで、「親王禅師」と呼ばれていた。出家の時期も動機も明白ではないが、「続日本紀」などに名の出ないことからすると相当に幼少でのことと思われる。「大安寺碑文一首幷序」(『大日本仏教全書』「寺誌叢書」所収)によれば「正教の陵遅を悲しみ、迷塗の老幼を痛」んでの出家で、「楽宮を捨て」「苦行に甘んじ」んがためであったという。この記載ではそれなりの年齢での出家ということになるが、一方で先に引用した「大安寺崇道天皇御院八島両処記文」（醍醐寺本「諸寺縁起集」所収）には「生年十一出家・入道」ともあって幼時での出家ということになる。親王への復帰は宝亀元年（七七〇）だから、当時の兄桓武の年齢の三十四歳から考えて、かなり長期間にわたって政治の世界から離れていたことは疑いなく、そういう意味で俗事へのカンの鍛えられていなかったことは確かであろう。それが突然の還俗、さらにはその九年後の立太子と、否応なしに俗事への関与を余儀なくされていた。奈良時代末の政界の激動からして、早良がこれにじゅうぶんに対応できなかったとしても無理ないと思う。

そしてついに藤原種継暗殺事件に巻き込まれたのである。すでに述べたように、老練な首謀者大伴家持の権謀にはとても早良は対応できず、おそらくは事態に流されるままになったのでないか。はたして事件の五日後、早良皇太子は拘束、乙訓寺《おとくにでら》に幽閉された。無実を主張してか十数日にわたって飲食を通ぜず、ついに餓死にいたる。許されることなく遺骸は淡路島まで移送された。いうまでもなく流罪の近流にあたる。その他の関係者の、桓武による処断が極めて厳しかったことはすでに述べた。

怨霊への道

ここまでなら奈良・平安時代はむろん、古代史一般に別にめずらしい事件でも何でもない。古代日本の政治の世界にクーデターはいわば付きものだったし、成功したものあり失敗したものあり、日常的とまではいわないにしてもそれぞれの結果をともなって終わっている。

ところがこの種継暗殺クーデター事件は、後日に大きな影響というか、影を落とした。先に触れた桓武の近親者の相次ぐ死去と、わが子安殿《あて》親王の病気である。これもむろん偶然にすぎないことはいうまでもないが、これを桓武は深刻に弟早良の怨霊のせいだと認識したのである。

そう認識したという根拠は多く、まず延暦九年、この年閏三月十日に皇太后高野新笠《たかのにいがさ》が崩じた直後と思われるが、淡路島にあった早良親王墓が「警衛を存ぜず祟り有らしむるに致る」ということで「守冢一烟《しゅちょういちえん》」、すなわち墓守を墓に配置し、あわせて堀を墓域のまわりに築いて「乱穢《らんえ》せしむることを勿《な》か」らしめた（『日本紀略』延暦十一年六月庚午条〈十七日〉）。この「祟り」が母新笠の死去にいたるいくつかの桓武周辺の不幸を指してのことであることは間違いなく、ただちに早良の墓所にその祟りをさけるがための対策が講じられたのである。また文字どおりに直後の閏三月十六日の大赦で早良親王の親王号が復され、いわば復権したと思われる（『日本古代人名辞典』当該項目）ことも、その証拠になろう。

さらに長岡京放棄の大きな原因になったと思われるのは、延暦十一年六月の「卜《うら》」の結果である。すなわち、

皇太子久しく病す。これを卜《うら》なうに、崇道《すどう》天皇祟りをなす。諸陵頭《しょりょうのかみ》調使王《つきのおう》らを淡路国に遣わし、其の霊に謝し奉る。（『日本紀略』延暦十一年六月戊子条〈五日〉）

とあるように、神祇官の「卜」によって皇太子の病は明白に早良の祟りと出たのである。これ以後しばしば淡路の早良墓所に使節が派遣されて祭事が行われ、ついには天皇号を追称するにいたる。崇道《すどう》天皇がそれで、延暦十九年七月に「朕《われ》思う所有り、宜しく故皇太子早良親王を崇道天皇と追称」して

いる（『類聚国史』巻二十五、延暦十九年七月己未条〈二十三日〉）。この桓武の詔についてはこれ以上のことは不明で、「思う所有り」というのみで具体性を欠く宣言であることも興味深いが、かつて聖武天皇は平城京を離れて東国に行幸するときに同じように述べている。公表することのはばかられる個人的な動機であったための文言であろうし、それだけに桓武の苦衷を察することができるように思われる。

天皇の追称は前例がある。草壁《くさかべ》皇子の長岡天皇・岡宮御宇天皇、舎人《とねり》皇子の崇道尽敬《すどうじんきょう》天皇、施基《しき》皇子の田原天皇・春日宮天皇の三例がそれで（『古事類苑』帝王部参照）、この三人には天皇を追称されるいわば根拠となる共通点がある。それは、本人は天皇として即位していないけれども、その子が天皇になっているということである。すなわち、草壁はその子の軽《かる》皇子が文武《もんむ》天皇に、舎人はその子の大炊《おおい》王が淳仁《じゅんにん》天皇に、施基はその子の白壁王が光仁天皇に、というのがそれであり、父子相承の原則の適用によって、子が天皇になったことに準じて父も天皇とされたのである。

しかしこの前例に早良の例は準じない。早良の婚姻については不明だが、少なくとも子はなかったようで、したがってその子の即位ももちろんない。にもかかわらずその前例を破って桓武は弟早良に天皇号を追称したのであり、いかにその怨霊に恐怖していたかが知られる。長岡京に彼の怨霊が跋扈し、ためにこのような祟りが発生すると考え、そこで廃都を願うというのは、たしかに桓武天皇の心情に立ってみればありうることである。

ただしこれもどこまで言えるかは問題が残る。というのはこれらの不幸はいわば桓武の身辺にのみ関わるもので、国家・社会や政権全体に作用するものではない。だからこの怨霊を原因として廃都されたということを証明しようとすれば、桓武がかなりに独裁的な権力を保持していたということが論証されねばならない。これは難しく、しかしさりとて怨霊に恐怖していたことは事実だから、廃都の有力な、また複合的な原因の一つということにとどめておかねばならないだろう。

第五章　平安時代の創始

1　平安京への道

和気清麻呂の提言

延暦十八年（七九九）二月、和気清麻呂《わけのきよまろ》が死去した。本姓ははじめ磐梨別《いわなすわけ》、ついで藤野和気《わけ》・吉備藤野和気・輔治能《ふじの》などを名乗り、孝謙天皇以来長期間にわたって宮廷に出仕し、死去は六十七歳であった。ウジやカバネは天皇から与えられるものだから、この頻繁な改姓は彼の政治的立場がいかに複雑であったかをも示すものである。

すでに前年に引退を奏上してはいたがこの時清麻呂は、民政に関わる民部卿にあわせて造宮大夫を兼務、さらに一種の名誉職ともいうべき備前・美作国造をも帯していた（『続日本紀』延暦十八年二月乙未条〈二十一日〉）。和気氏は本姓を磐梨と称するように備前国に磐梨郡石生（『和名類聚抄』の読みはイハナス）郷があり、備前地方の出身であった。清麻呂の名が初めて見えるのは天平神護元年（七六五）

和氣神社（岡山県和気郡和気町藤野）
和気清麻呂の生誕地の備前国和気郡にあり，閑静な，どちらかというと寂しげな農村部に位置する。清麻呂・広虫の姉・弟と，祖先神とを祀る。はるばる都に出て，平城京・長岡京・平安京に出仕した姉弟の労苦が思い浮かぶ。

正月で、三十三歳の時である。すでにこれ以前より姉の広虫《ひろむし》が後宮に出仕しているから、そのつてを頼っての平城京への上京と見られる。奈良時代の宮廷にあって活躍のあとを残し、桓武時代にいたる。藤原氏を頂点とする、多くはヤマト政権時代にまでさかのぼる伝統的貴族と異なり、地方豪族出身の和気清麻呂が「土豪的な新官僚グループ」として「第三勢力」を構成していた（平野邦雄『和気清麻呂』）ことは、桓武天皇の行動やまた桓武政権の動向を考えるうえで重要なことである。

すでに桓武天皇の外家である和氏の系譜「和氏譜」を作成していた清麻呂は、「帝甚だこれを善《よみ》す」と記されるほど桓武の信頼を得ていたが、その延長線上にあって長岡京についても桓武に提言した。重ねて引用するが、

長岡の新都、十載を経て未だ功成らず。費《ついえ》勝《あ》げて計《かぞ》うべからず。清麻呂潜《ひそ》かに奏して、上《しょう》をして遊猟に託して、葛野《かどの》の地を相せしめ、更に上都に遷す。（『日本後紀』延暦十八年二月乙未条〈二十一日〉）

と記されており、十年を経てなお膨大な経費を投入して造営の進められている長岡京建設を廃止することを企図、そこで「上」すなわち桓武を好きな遊猟にさそい、葛野の地を視察のうえ遷都をすすめ、これを桓武が受け入れたということになる。死去にともないういわば個人顕彰の意味合いの強い薨伝中の文章だから、どこまで信頼できるかに問題を残すが、桓武が断行することになる平安遷都の動機をさぐる、大きなカギの一つが隠されているように思われる。

長岡京建設の経費

まずは長岡京建設の経費の問題である。その具体的な額などはすべての宮都についてまったく不明であるが、宮都造営に多大の経費を要することは当然想定できる。出費に比してその完成度が相応しないと認識されたからこそ「費《つい》え勝《あ》げて計《かぞ》うべからず」と表現されたのであろうし、客観的なこの時代の財政状況もよくなかったことは事実だから、出費を理由とする建設中止は有り得ることではある。

しかし新たな宮都建設にまたもや膨大な出費をともなうわけだから、この財政事情だけを理由として桓武が長岡京を廃都し、平安京への遷都に踏み切ったとするわけにはいかない。新たな出費を必要とするくらいのことは桓武は当然見通せただろうし、長岡京造営にかなりの経費がすでに注ぎこまれていたことは事実で、にもかかわらず完成度の低いことに貴族たちがいらだちを感じていたこともあろうが、桓武が清麻呂の提言を受け入れた理由は、むしろ他にあるのではないか。

そう推定するのは、清麻呂が「潜《ひそ》かに」桓武天皇に「奏し」ているということである。この「潜かに」の背景に桓武と清麻呂の親近さ、つまりは桓武への影響力が見えてくるし、「潜か」の範囲は不

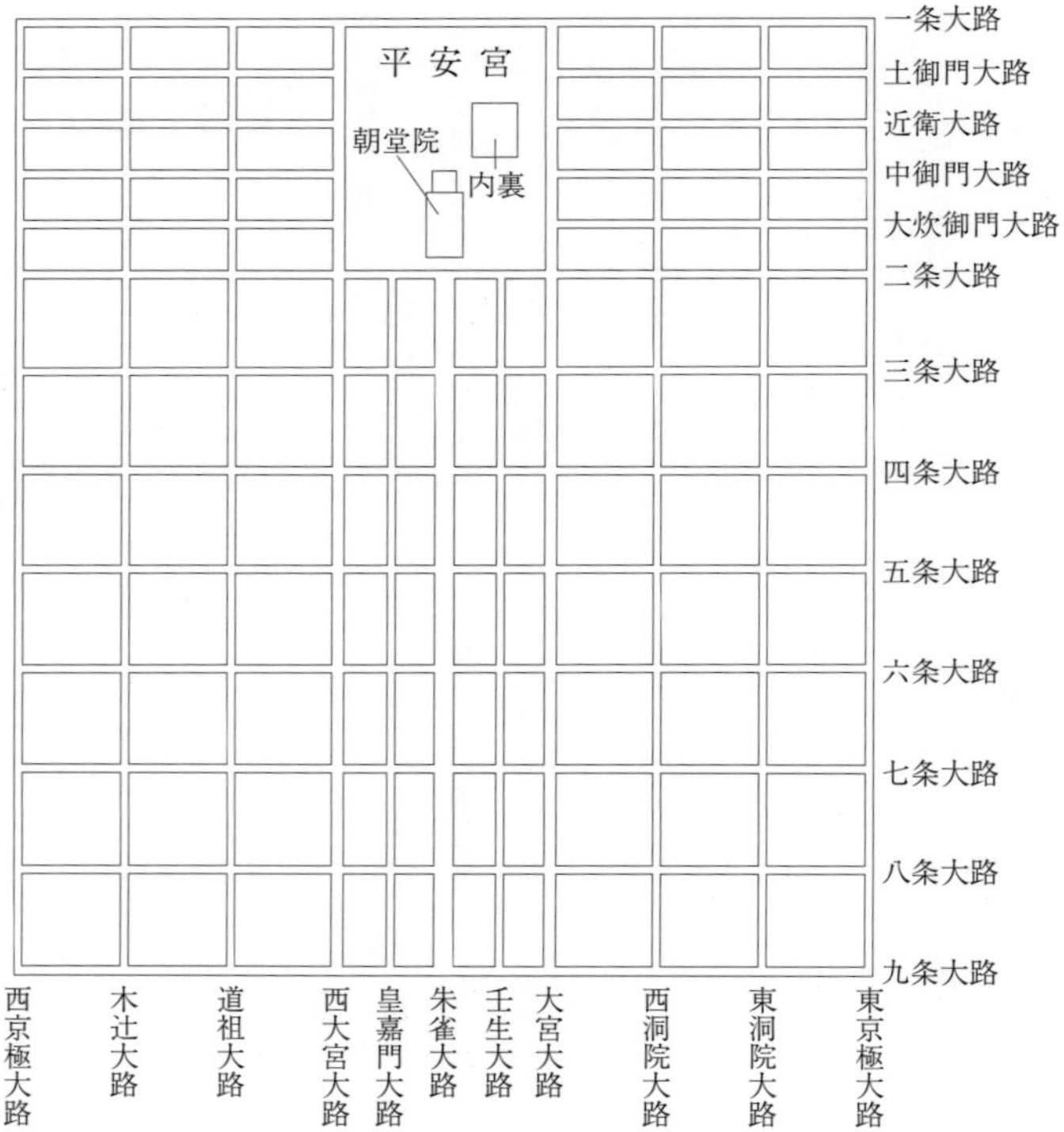

平安京

京都盆地は北から南に傾斜していると思われることが多いが，正確には東北から西南に緩やかに傾斜する扇状地上に位置する。西南部は桂川に接する低湿地で，実際に都城計画が行なわれたかには疑問がある。道々の名は，今もその多くが京都の町に生き続けている。

明にしても、ともかくも清麻呂は桓武と独自の接触ルートを持っていたことになる。

そしてさらにこれを受けた桓武が、清麻呂とともに「遊猟」と称してこれまたひそかに現地見分に行っていることも重要である。要するに隠密裡にことを運ぼうとしているわけで、ごく少人数で桓武は平安京の見分と遷都政策の立案をしたと考えるべきであろう。

その理由は、わたしはこの平安京遷都が危機的とまでは言わないにしても、かなりに緊迫した政治状況のなかで桓武が決断し、行なったものだからと考える。たしかに長岡京のそれと比べれば平安京への遷都は一見「順調に進捗した」（岸俊男『日本の古代宮都』）ように見えるが、わたしはそうは思わない。

そこで参照されるべきが右に触れた和気清麻呂を「第三勢力」（平野氏）、「政争の圏外にあった」（岸氏）とする見方であり、むしろ政争が伏流水的に存在し、桓武はそれをさけるがために内密で、かつ少人数の関与しかさせなかったものと考えたい。遊猟に託したというのもいわば異常であるし、反対派貴族たちの目をくらますためとしか考えようがない。桓武は怨霊などを含むすべての混乱をさけるために、あるいは逃れるために新宮都平安京を建設したのである。そういう意味では平安京遷都は、桓武天皇の心情はむろん、当時の彼のかかえていた政治情況を深刻に反映したものなのであって、まさに桓武天皇のための、〝桓武の都〟といってよいだろう。

葛野郡宇太村へ

この平安京は、地域的には長岡京と同一の環境下にある。つまり、平安京遷都には桓武の意向がより強く反映していることは確かだとしても、それゆえにともいえるが、同一の地域環境にある場所を新宮都に選んだのである。したがって両者をあわせてこれを明治の時代から「山背遷都」と呼ぶのは（明治二十三年刊行・東京帝国大学版『国史眼』）、なるほど正しい。平城京の廃都と長岡京への遷都による政治課題の解決は思うにまかせず、藤原種継《たねつぐ》暗殺事件や、また弟早良の怨霊など、桓武天皇を悩ませる諸事象が出現した。新たな宮都として平安京が建設される明白な理由は明らかにすることができないが、何よりも平安京という呼称が桓武の心情を示すように思われる。先行する宮都が藤原京・平城京・恭仁京・長岡京などと地名によって称されているのに対し、平安京はいわば希望的名称というか理想を込めて、「平安」京という尊称ともいうべき名が付けられた。前例を破ってまでこうした命名をしたところからも、平安京に託した願いと想いがうかがわれる。

ただし平安京の地がなぜここに選ばれたのかという理由は、よく分からない。また新京の地の選定に桓武の意向がどれほどに反映しているかも不明である。山背遷都の呼称からも知られるように両宮都は同じような地理的環境下で遷都されたが、葛野郡宇太《うだ》村がその地になったのは、わたしは渡来人との関係でとらえるのがもっともふさわしいと考えている。

桓武天皇が渡来人への傾斜をきわめて強く持っていたことは、すでに何度も述べたところである。母がその血を引くことに直接的な原因があるし、桓武自身、百済王氏一族を自分の外戚だと宣言してこれを優遇したこともよく知られている。しかし血縁的な原因ばかりでなく、わたしは桓武政権の運営原理としても、この渡来人との関係を注目しなければならないと思う。

秦氏と平安京

　そのこととの関わりでまず触れねばならないのは、「村上天皇記」の記載であろう。これは村上天皇（在位九四六—九六七）の日記であるが、「拾芥抄《しゅうがいしょう》」に引用されてかろうじて残った文献で、そこには、

> 或る記に云《いわ》く、大内裏は秦ノ川勝の宅。橘は本《もと》ノ大夫ノ宅、南殿の前庭の橘樹、旧跡に依りてこれを殖う。天暦御記に見ゆ。桜樹は本は是《これ》梅なり。桓武天皇遷都の日、殖えらるる所なり。而《しか》して承和年中に及び枯れ失す。よって仁明天皇、桜樹を改め殖えらるなり。橘本は橘本ノ大夫の時ノ樹なり。枝条、改めず天徳の末に及ぶと云々。康和二年御記に見ゆ。
>
> （「拾芥抄」巻中、宮城部第十九）

とある。平安京の大内裏は、元は秦氏の秦河勝《はたのかわかつ》（川勝）の邸宅だったといい、「左近の桜・右近の橘」の橘はもともと秦河勝の邸宅にあったもので、その河勝邸宅を接収して大内裏に転用したということになる。この記載が正しければ秦氏が平安京の地を、桓武天皇の構想にかかる遷都の地にいわば提供したのであり、桓武天皇と渡来人との密接な関係があってはじめて平安京はそこに営まれたということになる。

　さらに言えば、平安京の地の決定にともない、秦氏の氏寺ともいうべき広隆寺が移転していることが今ひとつの証拠になろう。桓武に協力して、渡来系氏族秦氏は平安京遷都という事業に関与しているのである。この間の経緯は明らかにならないが、寺地が移転したことだけは確かで、やはり桓武へ

の秦氏の全面的な協力があったということを物語るように思われる。

さてその平安京であるが、その形態の詳細が桓武天皇の人生と関わりを持つとは考えられないので、ここでは簡単に触れるにとどめたい。

平安京の形態

もっとも注目すべきは、宮都建設プランの確定である。宮都全体を単位として計画を施すのではなく、「町《ちょう》」を基本とする計画となり、これを基本単位として都市計画がたてられた。そこに住む住民というか市民というか、居住者の暮らしに配慮して平安京は造られたのである。それが何程の意味を持つかはその判断の難しいところだが、四十丈四方の正四角形を単位とし、例外はあるが、どの町も同じ規格で建設された。藤原京や平城京は「あらかじめ等間隔の計画線を定め」てそれから条坊内部を区画するから、道路幅のとりかたによって町は「広・狭様々なものができることになる」(山中章『日本古代都城の研究』)。

つまりは全体のカタチを優先していたのだが、長岡京は都市設計の原理において町を基本とした。しかしなおそれぞれの町は不統一だったし、その意味では長岡京が平城京の規格をある種引きずっていたのに対し、平安京では町を統一的規格としている。桓武天皇は、平安京建設においては市民・住民を強く認識し、その統治・支配を主眼として新宮都の設計をさせたのだと思う。むろんこうした視角をもって宮都の都市計画をほどこしたのは桓武が初めてだし、まさに長岡京の失敗から学んだものを平安京で実践したのでないか。桓武天皇の革新性・進歩性を、わたしは平安新京の建設に見出しても誤ってはいないと考える。

造営過程と造営担当

平安京の建設に関わった人物には、すでにふれた和気清麻呂がいる。新政をめざした桓武天皇に抜擢され、また平安京遷都を進言してもいる。桓武に影響力を持っていた人物と考えてよいし、文字どおりにブレーンの役割を果たしていた。当然桓武の意向が強く反映する宮都建設であったろうし、いわばその意を受けての清麻呂の関与といってもよい。桓武からいえば、自分の意志を汲んでくれる、言わなくとも察してくれる人物として清麻呂を重用したのである。

平安京造営との関係でいえば、早い段階で平安京の造宮大夫となったらしいことが和気清麻呂の薨伝《こうでん》（『日本後紀』延暦十八年二月乙未条）に見えていて、まずこれが注目される。その就任の日時は特定できないが、「造宮使が造宮職と改められた延暦十五年」ころと推定するのが妥当なところであろう（平野邦雄『和気清麻呂』）。平安京のデザインも含めて、桓武は清麻呂に己れを託したのである。その信頼の深さ、強さが分かるし、清麻呂側からいえば、それだけ自分を生かすことのできる機会があったということでもある。

この点で興味深いのは、和気清麻呂の子の広世《ひろよ》が「延暦四年事に坐して禁錮《きんこ》」されていることである。「延暦四年事」については明記がないが、この年九月に起こった藤原種継暗殺事件のほかに考えられることはなく、「禁錮」されているから当然処罰対象となった大伴家持方にいたことは間違いない。そしてこのクーデター事件はおおまかに見て藤原氏と反藤原氏との対立という構図で起こり、腹心の部下種継を殺された桓武がこれに激怒したことはすでに述べている。つまり反桓武政権側とおぼしき広世が、のち桓武の最も主要な政策ともいうべき平安京遷都に登用されているのである。そこまでして桓武が彼を重用したのには、やはりわけがあってのことと考えるべきだろう。その〝反桓武性〟を無視しても、新興貴族であって、古くからの政争に関与することのなかった、平野邦雄氏のいう「第三勢力」で、岸俊男氏の「政争の圏外」にあった和気氏という氏族の出身だということに大きな意味があった。

和気広世は、平安京の「造京式」を作成したという。すなわち平安時代後期に成立したと思われる「掌中暦」によると、この「造京式」は平安京の「京中の大小路ならびに築垣・堀溝・条坊」などの設計書らしく、これを作成したのは従四位下菅野真道《すがののまみち》（『続群書類従』本は菅原真道）・正五位（ママ）藤原葛野麻呂《かどのまろ》・従五位下和気広世たちであった。ほかにも七人の参画者がいたようだが、五位以上はこの三人で、主導権をもって作成にあたったことは疑いない。延暦十三年は命令を受けて編纂にあたり、完成させて「検録貢奏」した日だから、作業に従事したのはそれよりも以前ということになる。広世が禁錮刑を受けてからまだ数年もたっていないわけで、桓武が如何に彼を必要としていたかを知ることができよう。

ちなみにこの時にこの作業の長官的な地位にいたのが、終生にわたって桓武政権を支え続ける菅野真道で、桓武と血を同じくする渡来系氏族出身者である。真道は桓武天皇が最も信頼していたブレーンの一人であり、やはり平安京の設計段階から深く関わっている。彼もまた桓武の意向にそって作業にあたっただろうことは想像にかたくない。

さらに、次官的な位置にあった藤原葛野麻呂は小黒麻呂《こぐろまろ》の子で、その母は恭仁京造営に貢献した秦《はた》下島麻呂《しものしままろ》の娘であった。藤原氏だけれども秦氏の血を濃く引くわけで、渡来人・渡来系氏族を重く用い、自分も渡来系の血にあることを強く意識していた桓武天皇にとって、これまた頼ることのできる人物だった。彼らは平安京の建設に、桓武の意向を反映させる役割を担ったのである。

平安京候補地の視察

延暦十二年（七九三）正月十五日に、平安京のことがはじめて文献の上に見える。新しい宮都をどこに定めるべきかの検討を経て、ここに新宮都地の視察が行なわれるところとなったのである。

大納言藤原小黒麻呂・左大弁紀古佐美等を遣わして山背国葛野郡宇太村の地を相せしむ。都を遷さんがためなり。

とあるごとく（「日本紀略」延暦十二年正月甲午条）、藤原小黒麻呂と紀古佐美《きのこさみ》たちが派遣された。「等」とあるようにむろんこの二人だけではないことに注意しなくてはならないが、それはともかく、この二人が視察の中心人物だったことだけは確かである。新しく桓武が日本の首都と定めようとしていたその地の調査が、この二人によって担われたということの意味はけっして小さくはない。

当時の桓武政権の廟堂の構成はトップが右大臣正二位藤原継縄《つぐただ》で、次席が大納言正三位藤原小黒麻呂、ついで中納言正三位紀古佐美である。この年正月段階での議政官の構成は、他に参議従三位神王《みわおう》、参議従三位壱志濃王《いちしのおう》、参議正四位下石川真守《さねもり》というものだった。継縄はこの時六十八歳、小黒麻呂・古佐美ともに六十二歳というのとそう変わりはないといえばそれまでだが、留守にする長岡京を継縄が保守、新京地を小黒麻呂・古佐美が視察、という分担であった。他には参議以上では神王・壱志濃王・石川真守がいるだけだから、平安京遷都と土地視察は桓武政権の全閣僚をあげての取り組みであることが理解できる。遷都直後の十月二十七日に藤原内麻呂・藤原真友・藤原乙叡と三人の参議が一挙に任命されたことと合わせて（「公卿補任」延暦十三年条）、桓武の意気込みが知られる。長岡京をいわば失敗というか、克服すべきものと位置付けていることもここからうかがえ、新都平安京へかける期待と覚悟のほどは相当なものであったようだ。

藤原小黒麻呂と平安京

この小黒麻呂（「子黒麻呂」とする史料もあるので、オグロマロでなくコグロマロと呼んだ可能性が高い）と、造京式を作成した葛野麻呂は父子である。小黒麻呂はまた旧都の長岡京の地の視察にも重要な役割を果たしていて、「長岡村の地を相」した視察スタッフのうちで名の知られるものは六人だが、そのトップが「中納言正三位藤原朝臣小黒麻呂・従三位藤原朝臣種継」であった（「続日本紀」延暦三年五月丙戌条〈十六日〉）。この時には上席に右大臣藤原是公・大納言藤原継縄、それに同じ中納言に大伴家持（二月に蝦夷の鎮圧にあたる征東将軍に任命されていた）がいたけれども、遷都の中心を担ったのは桓武最大の腹心の種継と、この小黒麻呂だったのである。あまり有名とはいえない小黒麻呂だが、桓武天皇と平安京にかかわった重要人物であり、少し追ってみたい。

父は北家藤原氏の鳥養《とりかい》、母は大伴道足《みちたり》の娘である。父は早く世を去ったものか、従五位下というい わば低い位で生涯を終えており、活躍の跡を残してはいない。母方の大伴氏はこの頃さしたる勢力を持っていなかったが、それでも古代きっての名族で、道足は兄に旅人《たびと》、甥に家持がいて、自身も参議・正四位下になっている。一族の期待をそれなりに担った人物であったらしく、その娘と小黒麻呂の父鳥養との結婚もいわば政略結婚（むろん近世的・近代的な意味でのそれではない）であった可能性が強いといえる。

さて小黒麻呂は、まず長岡京の建設に関係した。延暦三年（七八四）に中納言に就任、その直後に藤原種継とともに乙訓郡長岡村の地を視察している。時に五十五歳で、数歳下ながら有能な政治能力の持ち主であった種継と異なり、さして目立つ存在ではなかったが、ともに藤原氏をいわば代表して長岡京遷都を主導した。

ところがその種継が暗殺され、その結果小黒麻呂が政府のいわば首班的な存在となった。上席に右大臣藤原是公《これきみ》・大納言藤原継縄がいたが、桓武はこの小黒麻呂を最大のブレーンとする。

そして種継の跡をついで長岡京建設の事業推進にあたり、またさらに引き続いての平安京建設にも造営の主担当となる。桓武の信頼の厚さが知られるが、この背後には小黒麻呂の妻の存在があった。

小黒麻呂の妻は、恭仁京造営の際に大垣の建設に巨費を寄付し、位・姓や賜物をもらった秦下島麻呂の娘であった。つまり渡来人を妻としているのである。この小黒麻呂を登用したところにも桓武天皇の渡来人ネットワークともいうべき独特の志向性を見受けることができるが、しかも小黒麻呂はこの妻との間に葛野麻呂という嫡男をもうけてもいた。この葛野麻呂の葛野は山城国葛野郡《かどののぐん》のことであろうし、葛野麻呂の誕生は天平勝宝七年（七五五）のことでむろん平城京時代のことである。すでにこの頃より藤原小黒麻呂は山城国と関係を持っていたとするべきであろうし、桓武の後年の山城国への遷都はこれより兆していたと考えてよいのではないか。複雑で多様な原因・理由によって京都を桓武は遷都地に選んだが、そのひとつの原因はここにもあった。さらにいえばその基底には渡来人ネットワークがあったのであり、桓武と渡来人との深い関係をここからも知ることができよう。

僧賢璟の視察参加

桓武天皇によって京都平安京が新宮都の地に選定されるにあたって、ここにもう一つ重要なその視察に関する史料が残されている。それは「濫觴抄《らんしょうしょう》」で、文字通りものごとの濫觴、すなわちはじまりを記した書物である。そこには藤原小黒麻呂・紀古佐美とともに賢璟《けんきょう》が遷都地の視察に派遣されたという記事がある。他の史料に見えない孤立したものだが、桓武天皇による平安京遷都とのかかわりで注目すべきものである。

賢璟は長命な人で、すでに鑑真から受戒しており、光仁新王朝の成立後に仏教界に名をあらわす。延暦に入って大僧都に任命されており、桓武時代の仏教界の統制を担ううえで重要な役割を果たした。残された業績のなかには仏教関連以外のものは見られないが、まず注意すべきは彼が桓武のブレーンのひとりだということである。宝亀末年に皇太子時代の桓武の病気治療にあたり、その快癒をえたのが契機となったのであろうが（堀池春峰「室生寺の歴史」『南都仏教史の研究』下所収）、桓武宮廷の奥深くに接することとなったらしい。あたかも称徳《しょうとく》天皇とその治療にあたった道鏡との関係に似て興味深いが、この賢璟は荒田井《あらたい》氏の出身であった。漢氏《あやうじ》系統の渡来人であるわけで、当然漢氏伝来の宮都建設技術との関係が予想される。しかも地相などについても詳しかったと思われ（堀池「宀一《べんいつさん》山図と室生寺」、同前）、単なる僧侶にとどまらずに、遷都地の選定に何らかの関与があったこともたしかに推定されるだろう。

ここで問題になるのは、まず桓武による賢璟の平安京地視察への派遣が事実あったかどうかという点だが、否定する史料もないのでここでは派遣ないし参加があったとして、ではその内容は何か、桓武が彼に期待したものは何か、ということである。

結論から言えば、桓武は特に賢璟に期待するところ、ないしは遷都の地の選定に貢献することは考えていなかったのではなかろうか。八十歳死去説と八十九歳死去説とがあるが、いずれにしても平安京視察時には相当の高齢であって、しかもその年の十二月には死去しているのであるから、若い方をとっても八十歳だったということになる。むろん高齢だからといって役割が果たせなかったとはいえないかもしれないが、常識的には貢献度は高くないと考えるべきであろう。

そう考える今ひとつの根拠は、視察が延暦十二年正月十五日であるのに対し、その直前の正月朔日《ついたち》（一日）に、僧最澄を檀主とする比叡山文殊堂の供養に講師として賢璟が参加しているという事実である（「叡岳要記」）。いわばこの仏事の帰りがけに立ち寄ったという感をまぬがれず、宮都の選定のためにわざわざ京都に来たとは思えないのである。では何が目的でかということになる。残念ながらそれ以上には桓武の意図をもふくめて賢璟の業績は不明であるが、おおむねこうした考えで間違ってはいないと思う。

風水思想と平安京

賢璟のことに立ち入ったのは、桓武天皇が平安京を建設するときに風水思想《ふうすいしそう》でもって地を選んだという説があるからである。たしかに南に朱雀《すざく》にあたる巨椋《おぐら》池（現存せず。京都市南部から京都府久御山《くみやま》町にかけてに所在した）、北に玄武《げんぶ》にあたる船岡山、東に青龍《せいりゅう》にあたる鴨川、西に白虎《びゃっこ》にあたる山陰道と、たしかにいわれるような四神が地形としてそなわっているように見える。わたしはこれは後世になって見立てた俗説に過ぎないと考えているのだが、少し検討を加えておきたい。

桓武が賢璟を平安京遷都との関係で派遣したということを示す今一つの史料は、「平家物語」である。藤原小黒麻呂・紀古佐美とともに「大僧都玄慶《げんきょう》」を派遣し、その派遣の結果の答申は、

此の地の体を見るに、左青龍・右白虎・前朱雀・後玄武、四神相応の地なり。尤《もっと》も帝都を定むるにたれり。（「平家物語」巻五、都遷）

というものであった。この「玄慶」は賢璟のことで、この史料をすなおに読めば四神相応の地であることを彼が判断し、決定したことになる。しかしいうまでもなくこれは「平家物語」ができて以後の、つまりは鎌倉時代以後の修飾であって、同時代史料にこうした表現がないことからも推定されるように、賢璟がはたして四神相応を、つまりは風水判断を行う職務を帯びていたかはこの史料からだけで

は決めることができない。

四神が相応しているからというのみで風水思想にのっとったということはできないけれども、ところでこの淵源を中国に持つ四神相応思想は、宮都建設や地相鑑定との関係ではいったいいつ頃から日本で見られるのだろうか。

早く平城京遷都詔に「四禽図に叶い、三山鎮をなす」という表現が見られるが（『続日本紀』和銅二年二月戊寅条〈十五日〉）、これは「隋書」を典拠としていわば空論として作文されたもので、実際の地形について述べられたものではない。実際の地形にそくしての表現ということでは平安時代初期を待たねばならず、それは管見の限りではあるが弘仁五年（八一四）のことで（「栃木県二荒山鐘銘」）、ただしかしここでも東西南北が四神には一致していない。

一致する例を求めるとそれは平安中期にまで下り、寛弘二年（一〇〇五）の木幡寺《こわた》に関するもので（「京都府木幡寺鐘銘」）、「木幡山は、左青龍・右白虎・前朱雀・後玄武の勝地なり。」と見える。木幡寺こと浄妙寺は藤原氏一門の墓地である木幡（京都府宇治市）の墓寺として建立されたものだが、その墓地としての起源は古墳時代にさかのぼる。すでにその時代より木幡には多くの墳墓が築造されていて、それは、風水思想はむろん四神相応思想が伝来するより当然早い時期のことである。つまり後世、平安時代中ごろの四神相応思想の定着時代に、平安時代初期にさかのぼって平安京の地形に〝見立て〟たのである。平安時代初期に事実としてさかのぼるものではなく、したがって桓武が風水思想で地相判断を行い、風水に合致するがゆえに平安京をここに建設したという説を、わたしはとることができない。

山背から山城へ、古津から大津へ

長岡京も平安京もいわば同じ線上にある都城ではあるのだが、おのずと異なる桓武の意図も介在した。これは前章に触れた長岡京廃都事情にも関わるが、平安京への桓武の意図ということでいえば、まず平安京という特異な名称が付されたことがあるだろう。過去の宮都はいずれも固有の名称を持つが、先に触れたようにいずれも基本的に地名を由縁としている。この原理でいえば平安京は葛野郡宇太村に遷都したのだから本来は〝宇太京〟とでも称すべきもので、それがいわば理想としての都城を目指して平安なる都、平安京と呼ばれたのである。桓武がこの都に託した願い、想いがうかがわれる。決意をこめて平安京と命名したのである。

同時に山背国を山城国と改名したことも、平安京に深い期待を寄せていた証拠であろう。国名の制定以後、ほぼ百年間にわたって親しんできた山背国という表記を「山河襟帯して、自然に城をなす」という理由で変更したのであり（『日本紀略』延暦十三年十一月丁丑条〈八日〉）、大宝律令以後、国名の変更は大和などの例があるけれども、平安京という理想をこめた命名とあわせて桓武の決意、新王朝の首都としてのこの都の永続性への願いのほどを、わたしは痛いほど感じる。

さらに桓武は同じ勅によってもう一点、すでに述べたように古津をあらためて大津とするという策を講じてもいる。すでに第四章で触れたが、いわく、「近江国滋賀郡の古津は先帝の旧都なり。今輦下に接す。昔の号を追いて改めて大津と称すべし」、と。「先帝」こと天智天皇時代にちなんで、大津と旧号を復したのである。「平安」京という命名、「山城国」への改称、それにこの「大津」への復活というういわば三点セットから、わたしたちは桓武が天智天皇に始まる皇統の、新王朝の成立を宣言するという固い意志を知ることができると思う。

2　蝦夷との戦争

桓武天皇にとって、蝦夷《えみし》との戦争は生涯をかけた事業であった。東北地方で、つまり長岡京からであれ平安京からであれ、都から相当に遠方で戦われた戦争が、直接に宮都に軍事的脅威を与えたわけでもないし、また政権基盤をゆるがしたというわけでもない。にもかかわらずどうして桓武は蝦夷征討に一生懸命になったのであろうか。何かそこには深刻で、かつ切実な原因・理由がなければならない。

華夷思想の伝来

まず最初に検討しておかねばならないのは、「蝦夷」とは何か、ということである。詳細な議論は桓武天皇論を主題とする本書では省略にしたがうが、言えることは中国の思想をベースとしているということで、日本の国情、社会の現実から構想されたものではない、ということである。文字通りに中華思想なのであり、中央に中華、その周辺に東夷・西戎・南蛮・北狄があるという思想、〝見立て〟が根本にあり、日本では東と判断された地にある夷狄だから「東夷」と認識され、「蝦夷」と表現されるにいたった。蝦夷とはまずはそういういわば理屈的な存在であって、現実の蝦夷、実態としての蝦夷があってそう表現されたのではない。つまりこの思想が中国より日本に流入して以後に、蝦

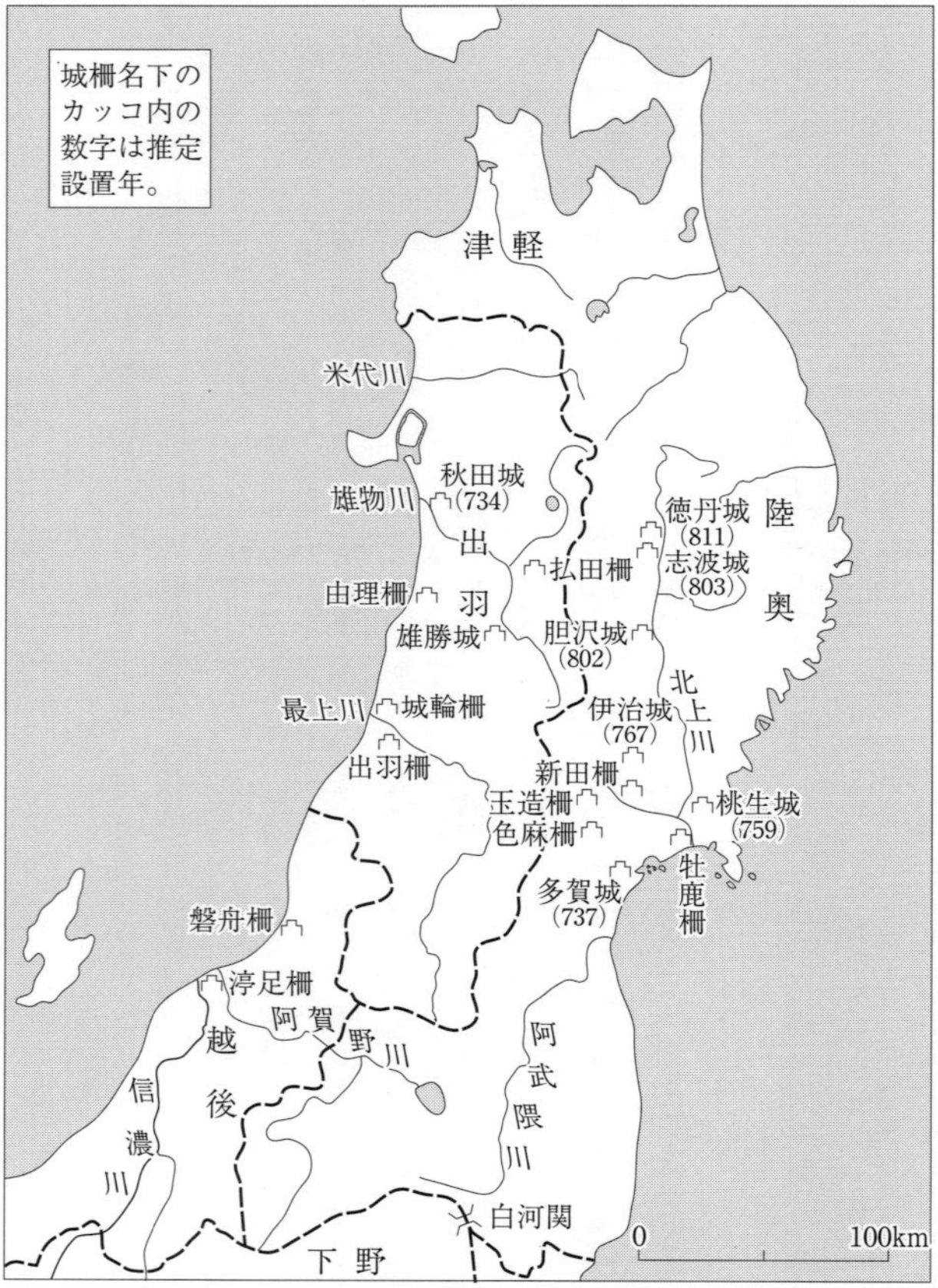

東北地方の城柵

城柵の設置年代は不明なものが多いが，一応のめどとして推定年次を記入した。出羽方面の制圧が早くになされたにもかかわらず，陸奥方面では坂上田村麻呂のころにやっと前線が北上することなどがよくうかがえる。

夷という表現は可能になるのである。日本の国家が、中華思想・華夷思想を国民統治のための国家理念として以後の、新しい認識であるといえよう。

しかし実態としての蝦夷は、かなりに早くから、またかなりに広く存在していた。早く「日本書紀」は、景行天皇の時代のこととしてヤマトタケルのいわゆる東征をとき、この時に征服された蝦夷が播磨・讃岐・伊予・安芸・阿波の佐伯部《さえきべ》の祖であることを記述している（「日本書紀」景行天皇五十一年八月条）。史実として蝦夷の「内地」への移配がどこまでさかのぼるものかは確定できないが、関東まで古代国家の支配がのびたのち、七世紀中ごろの皇極・斉明天皇朝のころのこととおおよそは考えてよかろう。蝦夷問題が、律令体制という国家体制と深く関係しながら展開してきたことをよく物語るし、要するに律令国家の成立時からかかえていた問題だったのである。

国家観の基底

こうして考えてみると、桓武天皇がなぜ蝦夷問題にあれほどこだわったのかが見えてくるのではなかろうか。在位期間のほとんどをかけた蝦夷との戦いは、けっして桓武の個人的趣味でもなければ、成り行きでもなかった。桓武が創始した新王朝の、国家形成にかかわる重大な課題だったのだ。

桓武天皇の時代より百年ほど後の史料ではあるが、三善清行《みよしのきよゆき》は有名な意見封事のなかで、

臣伏して見るに、陸奥・出羽両国は動《やや》もすれば蝦夷《えみし》の乱あり、大宰管内九国は常に新羅《しらぎ》の警あり。

（延喜十四年四月二十八日意見十二箇条、「本朝文粋」所収）

と述べている。「陸奥・出羽両国」の「蝦夷の乱」と、「大宰管内九国」の「新羅の警」とが対になっていて、「蝦夷」の問題は、「新羅」という外国と対応する重要な国家問題だったのである。

さらにいえば、蝦夷問題は桓武の国家観の基底をなす要素であった。最晩年に起こった天下徳政相論は桓武の生涯を締めくくるにふさわしい出来事だったが、新宮都建設と対蝦夷軍事は、まさに並行して新王朝樹立に対応する重要な事業であった。極論すれば、蝦夷問題がなければ桓武の新王朝意識はもっと違ったものになっていたであろうし、国家建設ももっと違った形になっていたのではないかということである。延暦七年に東北地方に出発する「征東大将軍」に出した詔のなかで「坂東の安危この一挙にあり」と述べていることが何よりも事態をよくものがたっている（『続日本紀』延暦七年十二月庚辰条〈七日〉）。坂東つまりは関東以東の領土・国土支配に関わる国家問題だったのであり、ただ辺境の東北地方で軍事的攻撃をかけてくるものがいる、といったような単純な問題ではなかった。「それ軍を出して賊（蝦夷）を討つは、国の大事」（『続日本紀』宝亀十一年六月辛酉条〈二十八日〉）だったのである。

むろん現実の軍事においても、蝦夷問題は解決せねばならない大きな課題であった。理念というか、国家観といった抽象的な問題においてもたしかに重要な課題だったが、現に東北地方では「反乱」が起こっており、具体的な領土、行政区画の侵害が存在していた。目先のこれらの問題に、桓武朝廷は否応なしに取り組まねばならなかった。

伊治呰麻呂の乱と桓武

桓武天皇が蝦夷問題に直面することになったのは、そしてそれを強く意識するようになった契機は、おそらくは伊治呰麻呂《これはりのあざまろ》の乱であろう。この乱は宝亀十一年（七八〇）に起こった。

この宝亀年間（七七〇〜七八一）頃は、蝦夷問題が大きな曲がり角にさしかかった時期であった。後年蝦夷との戦争に活躍することになる文室綿麻呂《ぶんやのわたまろ》は弘仁二年（八一一）、

宝亀五年より当年に至るまで、惣《すべ》て三十八歳、辺寇屢《しばし》ば動きて、警□絶ゆること無し。丁壮老弱、或いは征戍《せいじゅ》に疲れ、或いは転運に倦《う》む。百姓《ひゃくせい》窮弊して、未だ休息することを得ず。

（『日本後紀』弘仁二年閏十二月辛丑条〈十一日〉）

と述べた。延暦をはさむ四十年ほどは、まさに蝦夷戦争に明け暮れた時代だったのであり、兵員として動員され、かつ物資の補給を負担する「百姓」の窮弊ははなはだしかった。宝亀年間は桓武は三十歳代、もっとも血気盛んで、高齢の域に達した父光仁天皇をたすけて政務にあたっていたころである。

蝦夷社会そのものも時代の転換期にさしかかっていたが、その蝦夷社会の転換・成長の律令国家との接触は、まず桃生城《ものう》（現・宮城県桃生郡桃生町・河北町あたり）への蝦夷たちの侵攻として起こった。陸奥ばかりでなく出羽にも反乱の影響は及んだといい、出羽では政府軍が敗北して国府の移転すら検討課題にあがったらしい。地方行政の拠点の移転をせまられたのであり、相当の規模の反乱であるこ

とが分かる。むろんその情報は都にも達していて、桓武もその対策に頭をいためたことであろう。呰麻呂の反乱はこうした延長線上に起こったものである。

呰麻呂は、「上治郡大領外従五位下伊治公呰麻呂」とある（『続日本紀』宝亀十一年三月丁亥条〈二十二日〉）。ここから呰麻呂のことが多少見えてくる。

呰麻呂は蝦夷である。それが「公《きみ》」というカバネをもらっており、ということは、「夷俘《いふ》の種」ともいわれているように、もとは蝦夷であったものが律令国家に帰服し、その帰服の功績で与えられたカバネということになる。しかも外位《げい》とはいえ爵位を持っていて、大領《だいりょう》という地方行政を担う官職にあった。いっぽうで蝦夷社会に基底を持ちながら、他方で律令国家の下級官僚として、いわば両方に足をかける、複雑な利害関係にあり、律令国家・中央政府側からいえば危険というか、あつかいの難しい人物だった。「呰麻呂麻呂怨みを匿して陽《いつわ》りて媚《こ》び事《つか》う」（同前）というのも、この辺の事情をいうものであろう。むろんそれは蝦夷社会内部においても、律令国家・中央政府との距離のとり方をめぐって対立があったということであり、同じ蝦夷の、

牡鹿郡大領道嶋大楯《みちしまのおおたて》、毎《ことごと》に呰麻呂を凌侮して、夷俘を以て遇《あつか》う。呰麻呂深くこれを銜《ふく》めり。

（『続日本紀』宝亀十一年三月丁亥条〈二十二日〉）

という事実も、この間の事情を物語っている。呰麻呂も大楯もおそらくは同じ蝦夷の族長クラスの豪

族で、それが律令国家に帰服して郡司となったものであり、もとは同じ利害関係に立つものであったが、国家・政府の蝦夷社会への介入によって利害を異にし、対立するにいたったものであろう。

呰麻呂はまず大楯を殺害した。これだけなら蝦夷社会の内部対立で終わるのだが、ことはそれでとどまらなかった。参議で、このしばらく前に按察使《あぜち》に任命されていた政府高官の紀広純《きのひろずみ》をも殺害したのである。当時彼は北上川をかなりに北上して築かれた前線の覚鱉城《かくべつじょう》（現在地は不明）を守備していたのだが、この蝦夷の居住地の範囲で事件が起こっていることも象徴的である。同行していた介大伴真綱は脱出して多賀城《たがじょう》に到るが、持ちこたえることが出来ないと判断、部下たちをともなってここをも脱出、蝦夷戦争最前線の多賀城は崩壊してしまった。

この時の桓武の立場は推測するしかないが、皇太子になって五年、高齢の父光仁を支えて国政にあたり、即位を目前にして慣れてきたころであった。ちょうどこの一年後には父天皇は譲位、年末には崩御しており、その譲位の時の記事に「朕枕席《ちんせき》安からぬことようやく晦朔を移せり。医療を加うと雖も未だ効験あらず」とあり（『続日本紀』天応元年三月甲申条〈二十五日〉）、また「元来風病《ふうびょう》に苦しみつつ、身体安からず」ともあって（『続日本紀』同年四月辛卯条〈三日〉）、かなりの長患いだったと考えられるから、この事件の処理には主として桓武が携わったと思う。ただちに征東使が任命されたことはいうまでもないが、桓武の蝦夷政策のいわば原点をなすのがこの伊治呰麻呂の乱であり、変わりつつある蝦夷社会への新たな国家・政府の対応が迫られるなかで、桓武は即位をむかえることになるのである。

しばらくした宝亀十一年六月、勅が出された。実情の報告を求めるもので、これより先五月の上奏では兵糧をそなえ、蝦夷たちの隙をうかがって一気に天誅を加えると言っているけれど、それからもう二カ月も経つではないか。「軍を出し賊を討つは国の大事なり。進退動静、続けて奏聞すべし。何ぞ数旬を経るまで絶えて消息無き。宜しく委曲を申すべし」、事情は逐一報告をかならず行ない、もし書状で委曲をつくさなければ使者を派遣してこい、というものであった（『続日本紀』宝亀十一年六月辛酉条〈二十八日〉）。蝦夷戦争の実情を詳細に把握しようとする強い意志が感じ取れるし、この時にはまだ光仁が皇位にありはしたが、桓武が主導権を取ってのものであることは、この後の桓武時代の蝦夷戦争への国家・政府の対処の仕方からもうかがえる。現にこの時の征夷については、桓武朝にかわった直後の九月に、功績者に叙位するいっぽう、他方では戦略の失敗によって征東副使の大伴益立《ますたて》からその位階を剝奪しており、信賞必罰で蝦夷との戦争に臨んでいる。この詳細な中央政府での情報の把握と、あわせて信賞必罰の方針は桓武天皇時代に共通するものである。

阿弖流為《あてるい》との戦い

桓武朝の蝦夷との戦争は、その第一次のものは延暦七年（七八八）に始まった。

この前年に出された太政官符はその状況をものがたって余りあるが、要するに現地の東北社会では「王臣百姓と夷俘と交関」が積極的に行われ、「此の国家の貨を売り、彼の夷俘の物を買う」といった彼此の交易と交流が現実に広く行き渡り、深く浸透しており（延暦六年正月二十一日太政官符、『類聚三代格』）、蝦夷の隔離政策を今までどおりにそのまま行うことなどは到底不可能だったのである。

この年三月、軍糧三万五千石余りが多賀城に集められ、同時に糒・塩と歩兵・騎兵五万三千人ほどの調達が東海・東山・北陸三道に課されたが、これは翌年からの征夷のためであった。ただ直接的に征夷軍を督励するのみでなく、ほぼ同時に国司らが「奉公に心なく、事毎に欠怠」していることを叱責している（『続日本紀』延暦七年三月辛亥条〈三日〉）。現地の前線と兵站にいわば責任の多くを求めているのであり、問題の本質が、変貌しつつある地元社会の状況にあることを桓武はよく理解していた。

この蝦夷征討の最高責任者は参議だった紀古佐美《きのこさみ》で、征東大使に任命された。戦線は延暦八年から動き始めたが、三月上旬に「諸国の軍、陸奥の多賀城に会い、道を分かちて賊地に入」った（『続日本紀』延暦八年三月辛亥条〈九日〉）。ところが容易に戦闘は進まなかったようで、五月に桓武は勅を発して強く現地責任者を叱責している。すなわち、衣川《ころもがわ》にとどまって進軍しないのは理に合わない、すみやかに軍を進めるべきで、にもかかわらず軍を一所にとどめて日数を浪費しているのは「朕の怪しむ」ところであり、しかるべく「滞る由と、賊軍の消息とを具《つぶさ》にし」て、ただちに報告するようにと命じた（『続日本紀』延暦八年五月癸丑条〈十二日〉）。蝦夷との戦争へのなみなみならぬ心構えがここからも読み取れる。

これを受けて、六月にいたって現地からの報告がもたらされる。北上川を渡河して賊地に攻め込んだものの、「賊帥《ぞくすい》阿弖流為（夷）」のために完膚なきまでに敗北、「官軍の戦死せるひと廿五人、矢に中《あた》れるひと二百四十五人、河に投《おち》りて溺れ死ぬるひと一千三十六人、裸身にして游《およ》ぎ来るひと一千二百五十七人」という惨憺たる敗走であった（『続日本紀』延暦八年六月甲戌条〈三日〉）。

この報告を得た桓武は、ただちに勅を出してこれを責めた。指揮官達が全力をつくして攻撃せねばならないのに、出した軍勢も少なく、また将軍たちも愚かなためにこのような敗北を招いたのであって、明白に「計策の失」であると断じている。桓武とその朝廷は正確に現地の状況を把握・認識しており、蝦夷との戦争への桓武の姿勢がここでも感じられる。

現地軍からは征東将軍名でさらに奏上がなされ、蝦夷との戦いの前線である「胆沢《いざわ》の地は、賊奴の奥区」であって、さらにいっそう「子波《しわ》（志波）・和我《わが》は僻《へだ》りて深奥」であり、したがって軍勢や兵糧の補給はきわめて困難で、「征軍・輜重」は疲弊していて、「進まんとすれば危うきこと有り。持たんとすれば利無し」という状況である。そこで「軍を解き粮を遺して非常を支擬するに若《し》くはなし」という提案、つまり撤退の申し入れをしてきた（『続日本紀』延暦八年六月庚辰条〈九日〉）。蝦夷との戦争というと、国家・朝廷側が一方的に勝利し続け、蝦夷を北へ北へと追いつめていったかのように思うことが多いが、勝ち負けを伴うものである以上当たり前のことといえばそれまでにしても、蝦夷の側が勝利したこともあったわけで、これは蝦夷との戦争の全過程を通じていえることであった。今蝦夷社会にとって律令国家との戦争は何であったか、という方向からの分析は課題ではないが、阿弖流夷に率いられた蝦夷集団は、律令国家の集団戦法によく抵抗、いわばゲリラ戦法でもってこれを破ったのであった。以後の二十年近くにおよぶ蝦夷との戦争は、この阿弖流夷との戦いであったといっても過言ではない。

この前線本部からの撤退の申し入れに対して、桓武は、あるいは桓武の朝廷は、きわめてきびしい叱責をもってこたえた。「先後の奏状」を詳細に検討してみると、実際には蝦夷を怖れて逗留したがゆえの敗戦、つまり指揮の誤りによる失敗なのに、その事態の報告もしないで軍を解散するとは何事か、「巧みに浮詞を飾り、罪過を規避すること、不忠の甚しき、斯《これ》より先なるはなし」、「君に事《つか》うる道、何ぞ其れ此《か》くの如《ごと》くならん。夫《そ》れ師《いくさ》出でて功無きは、良将の恥ずる所なり。今、軍を損ない糧を費やして、国家の大害をなす」と（同前）、罵倒に近い対応をしている。

さらに重ねて勅が出された。蝦夷を屈服させて勝利を得、めでたい限りと奏上してきているが、「斬獲せる賊首八十九級にして、官軍の死亡千有余人なり。その傷害せらるる者殆《ほとん》ど二千ならん。夫《そ》れ、賊の首を斬るは未だ百級に満たず。官軍の損害は已《すで》に三千に及ぶ」、これを考えればどうして勝利などといえるのか。しかも北上川を渡って敵地に攻め込み、これを撃破したといっているが、川を渡って帰還するときに溺死者千人余りを出している。この戦死者の数を数えないでどうして勝利などといえるのか、これは偽って戦況を飾り立てて報告した「浮詞」である。戦勝報告は賊を平らげて後にするものであって、そうでないにもかかわらず勝利だといってくるのは、「また愧《は》じざらんや」、すなわち恥ずかしくないのか、とまで言っている（「続日本紀」延暦八年七月丁巳条〈十七日〉）。ひどい譴責のしようであって、よく言えば桓武の熱意、悪く言えばそのいらだちがひしひしと伝わってくる。

要するに政府軍の完全な敗北なのであり、阿弖流夷に率いられた蝦夷軍の強力なさま、そしてその背景にある蝦夷社会の急激な成長と変貌の様子がよく分かるが、結局この叱責にもかかわらず征東大将軍の紀古佐美は軍を解き、九月、都である長岡京に帰ってしまった。

敗北の戦後処理

この事後処理も桓武にはむずかしいものであった。ここまで責任を問い、それを果たしていないことを叱責したのだから、にもかかわらず命令を遵守しないで帰還した担当者を、そのままに放置しておくわけにはいかない。むろん政府関係者のだれもがこの処置を知っているのだから、桓武は己れの指導力と求心力を保つためにも余計に信賞必罰を示さねばならない。

旬日を経ずして「征東将軍ら逗留して敗軍せる状を勘問」せしめることになった（「続日本紀」延暦八年九月戊午条〈十九日〉）。桓武の敏速で的確な指示があったものと考えてよいと思う。

その喚問のスタッフは、大納言藤原継縄《つぐただ》・中納言藤原小黒麻呂・中納言紀船守《きのふなもり》、これに津真道《つのまみち》（のちの菅野真道）・秋篠安人《あきしののやすんど》を加えた面々であった。左大臣は欠員、右大臣だった藤原是公《これきみ》はこの編成のあった当日に死去していて、廟堂のトップは大納言の継縄であった。参議にはほとんど名目的な神王《みわのおう》・壱志濃王《いちしのおう》がいたけれども、「勘問」の当事者である紀古佐美を除けば、この編成は朝廷のすべてをあげてのことだった（「公卿補任」延暦八年条）。いかに桓武が蝦夷政策を重要視し、熱中していたかが分かる。

下した結論は、最高責任者の紀古佐美はかねてからの功績にかんがみて処罰なし、鎮守副将軍池田真枚《まひら》以下は官位の剝奪と官職からの解任、というものであった。桓武自身はおそらくはもっときびしい処分を考えていたのでないかと思うが、大将軍紀古佐美は無罪放免、「斬刑」とまで断じられた安《あ》倍猨嶋墨縄《べのさるしまのすみなわ》でさえ位階と官職の剝奪にとどまった。実際には軽い処分しか行なえなかったのであり、桓武がかかえていた政治課題の深刻さをむしろものがたるものでないか。四年前に最大の腹心の藤原種継を失った痛手はまだいえず、心底を割って国務について相談できる人材もまだあらわれず、廟堂に波風を立てたくなかったというのが正直なところであろう。

ともあれ桓武時代になってはじめて取り組んだ蝦夷との戦争は、みじめな敗戦で終わった。蝦夷社会の変貌というか発展と変質をかなり正確に把握していたらしい桓武は、ひそかに期するところがあったと思われる。

桓武第二次の征討

はたして翌延暦九年、桓武は新たな征討事業をはじめる。

この年二月、前年九月に亡くなった右大臣藤原是公の後任として藤原継縄をこれに任じ、中納言だった小黒麻呂を大納言に昇進させる人事を行った。ともに切れ者というほどではなかったが、継縄はすでに桓武の皇太子安殿《あて》（のちの平城天皇）の教育担当である皇太子傅《ふ》として、桓武のいわば側近だったし、「政聞こえず」「才識なし」とまでいわれながらも（「公卿補任」延暦十五年条）、とりわけ妻の百済王明信《みょうしん》が桓武と特別な関係にあったこともあって桓武をよくささえた。また小黒麻呂はすでに桓武の意を受けて長岡村の地の視察に活躍しているし、桓武が終生大切にしていた渡来人との関係でいえば、妻が秦下島麻呂の娘であった。渡来人ネットワークともいうべき桓武の周辺状況において重要な位置にあったと考えてよい。つまりこの人事によって桓武は、自らの意思を前面に出して事を行える環境をととのえたのである。

この人事の二カ月後、戦争準備にはいった。桓武は勅を発し、蝦夷を征たんが為に、諸国に仰せ下して、革甲二千領を造らしむ。東海道は駿河より以東、東山道は信濃より以東、国別に数有り。三箇年を限りて並びに造り訖《おわ》らしむ。

（『続日本紀』延暦九年閏三月庚午条〈四日〉）

と述べた。「三箇年」ということになるとそれは延暦十二年ということになる。この後も兵糧はむろん、軍士・武器をはじめあらゆる戦争準備をととのえて、事態の対応にそなえている。

はたして同年二月、征東使は征夷使と改称され――結局この称号が後世に続くのだが――、ほぼ同時に坂上田村麻呂《さかのうえのたむらまろ》が征夷使の副使に任命されている。彼はこれ以後桓武朝の蝦夷対策の重要部分を担う人物となるわけだが、この桓武の強い意志と熱意による登用でもあった。そしてその翌年の正月に大伴弟麻呂《おとまろ》に節刀が授与され、同時に山陵や神社に蝦夷征討のことが祈願され、征討活動に具体的に入ったようであるが、残念ながら史料となるべき『日本後紀』が欠落していてその詳細なさまは不明である。

ほどなくした延暦十三年六月、副将軍の坂上田村麻呂から征夷事業についての報告が入った。これを追ってもたらされた大将軍大伴弟麻呂からの報告は、「斬首四百五十七級、捕虜百五十人、獲馬八十五疋、焼落七十五処なり。」というものであった（『日本紀略』延暦十三年十月丁卯条〈二十八日〉）。おそらくは田村麻呂の機敏な行動と作戦によって、このような記録的な勝利をおさめたものであろう。戦線を離脱する兵士もおりはしたが、この報告がもたらされると同時に平安京遷都の詔が出されたのも、故なしとしない。充分な記録は残されてはいないが、桓武天皇は先の深刻な敗戦と考え合わせて、慶賀の感に堪えなかったのではなかろうか。

しかしまだ阿弖流夷は健在であり、本質的な蝦夷問題はなお解決をみたわけではなく、まだまだ精力をそそがねばならなかった。

第三次の征討

延暦十六年十一月、坂上田村麻呂が征夷大将軍に任命された。桓武朝の第三次の征討の開始である。これもまた史料の残存に問題があって詳細な状況は明らかにならないが、前回の大伴弟麻呂を征夷大将軍とする征討の終了からほぼ三年、おそらくは終了と同時にもう次回の準備にかかったというところが事実かと思われる。それがここにいたって征夷大将軍の任命になったのである。

ただ征討の開始はこれより遅れ、同十九年十月にいたってようやくに征夷副将軍の任命を見ている し、さらには田村麻呂に節刀の授与、すなわち軍事指揮権の委任が行われたのは延暦二十年二月のことであった。この間の遅れがどうして生じたのかは分からないが、やはり繰り返される戦闘と、それに加えて行われた新宮都平安京の建設による国庫の疲弊や、また戦意の喪失などがあったのではなかろうか。

田村麻呂の節刀の返上は同年の十月で、前回の大伴弟麻呂への授与から返上までのほぼ一年と比較しても、同じくらいの期間であった。返上については「征夷大将軍坂上田村麻呂、召されて節刀を進む」という短い記事を残すのみであるが（『日本紀略』延暦二十年十月丁巳条〈二十八日〉）、直後に桓武天皇は詔を出して田村麻呂を賞した。「陸奥国の蝦夷等、代を歴《へ》て時を渉《わた》りて、辺境を侵し乱し、百姓《ひゃくせい》を殺し略《かす》む」という事態であったが、そこで従四位上坂上田村麻呂を遣わして、「伐《う》ち平らげ、掃い治め」しめたのだといっている（『日本紀略』延暦二十年十一月乙丑条〈七日〉）。そしてその功績に応じて与えられたのが従三位であった。三階級の特別昇進であり、詳しい内容を書き残すわけではないから、桓武が田村麻呂の活躍のどこに対してこの特進をもって遇したのかは不明であるにしても、田村麻呂の功績が桓武の期待通りのものであったことだけは確かであろう。桓武のいわば抜擢を受けて事にあたり、その期待をみごとに果たしての帰還だったようである。

桓武天皇の田村麻呂への信頼は大きく、征討事業という戦争への直接的な従事とは別に、蝦夷政策全般への関与にあたらせていた。彼の正規の肩書きは「征夷大将軍近衛権中将陸奥出羽按察使従四位上兼行陸奥鎮守将軍」であって（『日本紀略』延暦十九年十一月庚申条〈六日〉）、蝦夷との軍事とあわせて按察使《あぜち》、すなわち実質的な国司として陸奥・出羽地方のすべての行政に関わっていたのであり、桓武と朝廷の田村麻呂への信頼のほどが分かる。節刀の返上は延暦二十年十月だったが、それで帰京したわけではなく、引き続いて蝦夷問題に深く関与し、東北の地にとどまっていたのである。

この桓武の信頼にこたえて、田村麻呂があげた功績は二つある。

その一つは、蝦夷との戦線の北上である。従来は多賀城《たがじょう》を拠点としての蝦夷対策であったが、その前線を大幅に北上させたのであり、それは蝦夷社会の真っ只中に位置することになる。これ以後、鎮守府もここに移されて新たにここが前線となって蝦夷との戦争が行われることになるのだが、それだけに田村麻呂にとって困難な、桓武朝廷にとっては重要な出来事ということになる。すなわち胆沢城《いさわじょう》

（岩手県水沢市）の建設である。

史料は簡単に「従三位坂上大宿祢田村麻呂を遣わして陸奥国の胆沢城を造らしむ」とするだけだが（『日本紀略』延暦二十一年正月丙寅条〈九日〉）、現地形の検討や発掘調査などによって伊沢城はほぼその

多賀城跡（宮城県多賀城市市川）
律令国家の蝦夷征討の前線基地として鎮守府が置かれ，長くその機能を果たした。のち伊沢城が築かれてそこに鎮守府が移ると，陸奥国府として東北地方の行政の中心となった。発掘調査によって確認された遺跡は，復元されて史跡公園化がはかられている。

胆沢城跡（岩手県奥州市水沢区佐倉河）
坂上田村麻呂の築城で，右上は北上川。のち志波城・徳丹城が築かれて鎮守府はそちらに移転，伊沢城はその役割を終えた。リンゴ園の広がる中に方６町にわたる土塁が残存していて（囲みの部分），正殿と思われる建物なども検出されている。

全容が解明されていて、方六町の方形区画を持つかなり広大な規模のものであったことが分かっている。北上川に面して、文字通りに蝦夷に近接する要地であり、律令国家にとって大きな意味を持つ事業であった。

その建設について分かるのはわずかに桓武の勅のみで、そこには、

官軍薄伐《はくばつ》し、地を闢《ひら》くこと瞻遠《せんえん》なり。宜しく駿河・甲斐・相模・武蔵・上総・下総・常陸・信濃・上野・下野の国の浪人四千人を発して、陸奥国の胆沢城に配すべし。

(『日本紀略』延暦二十一年正月戊辰条〈十一日〉)

とある。ようやくここまで達した蝦夷の奥地に、関東を中心とする「浪人」、すなわち本籍地を離れて流浪していた人々を招集・動員し、胆沢城の建設と、その後の維持に配当した。四千人の浪人の移動には相当の手間が要ったと思うが、桓武は勅を出して粛々と事を進めたのである。

もう一つの田村麻呂の功績は、蝦夷の最大の首長である阿弖流夷を降伏させたことである。阿弖流夷が史料に初見するのは延暦八年で、すでにこのときに官軍を破っているから、これ以前から蝦夷の首長としての位置を得ていたものと思われ、ということは十五年以上にわたって蝦夷を統率し、その中心となって蝦夷社会に貢献していたということになる。朝廷にとって、桓武にとって手強い相手ではあったが、蝦夷社会では大きな尊敬と敬意を得ていたことであろう。

延暦二十一年四月、胆沢城建設のすすむなか、「造陸奥国胆沢城使陸奥出羽按察使」であった田村麻呂から報告がもたらされた。「夷、大墓公《おおものきみ》阿弖利〔流〕夷・盤具公《いわぐのきみ》母礼《もれ》等、種類五百人を率いて降る」というものであった（「日本紀略」延暦二十一年四月庚子条〈十五日〉）。時間関係からすれば当然胆沢城建設の開始と並行するもので、この降伏があったればこその胆沢城の建設事業だったといえる。蝦夷の軍事的屈服があって城は建設されることになったのであり、このふたつはともに同じ次元に属する出来事ではあったが、それを実現可能にしたのが田村麻呂なのである。桓武の信頼にこたえてのものであり、桓武はかならずや自分の征夷事業の推進に自信と確信を持ったことであろう。

阿弖流夷・母礼の処刑

この阿弖流夷たちの降伏には後日談がある。七月に田村麻呂は自ら捕虜となった二人を率いて入京した。「百官抗表して蝦夷を平ぐるを賀す。」とあるから（「日本紀略」延暦二十一年七月己卯条〈二十五日〉）、この田村麻呂の蝦夷の首長をともなう上京は、まさに蝦夷戦争の終結を画するものとして朝廷にむかえられ、凱旋となった。貴族・官僚達は、蝦夷問題を多年にわたる、大げさに言えばヤマト政権時代からの蝦夷との戦いとして認識・意識していたから、余計にその終結をもたらした田村麻呂の功績は輝かしいものとして評価されるわけで、彼を抜擢した桓武もその面目をほどこしたということにもなる。

京都に連れてこられた捕虜の二人については、その処分について意見が大きく分かれた。田村麻呂は「此の度は願に任せて返入せしめ、其の賊類を招かん」と主張し（「日本紀略」延暦二十一年八月丁酉条〈十三日〉）、いわば二人の助命を嘆願する。要するに二人を蝦夷社会にかえし、夷をもって夷を制

する方策を採ろうとしたのだが、「公卿」たちはこれに反対し、

野生獣心にして、反覆定めなし。たまたま朝威に縁りて此の梟帥《きょうすい》を獲《とら》う。もし申請に依りて奥地に放還すれば、所謂《いわゆる》虎を養いて患を遺すならん。

（『日本紀略』延暦二十一年八月丁酉条〈十三日〉）

と、つまり死罪を主張した。現地の状況を知悉《ちしつ》した田村麻呂の主張は通らず、「河内国の植山」（杜山ともあり、現在地は不明。大阪府枚方市に想定する説がある）で斬首が執行されてしまう。朝廷貴族たちの積年の蝦夷への恨みが助命をさせなかったのであるが、多年にわたって彼らとの戦いに奔走し、蝦夷ともおそらくは心の触れ合う距離で過ごしてきた田村麻呂であったけれども、結局はその主張は通らなかった。桓武がこの議論にどう対処したかは分からない。いってみれば桓武が全権をゆだねていた田村麻呂だから、きっと彼に同情的だったかと思われるが、確かめるすべはない。

ちなみにこの阿弖流夷と母礼を記念する碑が、坂上田村麻呂の建立した清水寺の境内に立てられている。関西で活躍する胆沢《いさわ》郡・江刺《えさし》郡出身の人々によってつくられている関西胆江《たんこう》同郷会が何年か前に発起されたもので、わたしも多少その建碑に関わったが、田村麻呂の心情を偲ぶよすがとして興味深い。

これで蝦夷との戦いは終結したと意識されたことは確かなのだが、もう一度桓武朝に蝦夷との戦争が行われた。

第四次の征討

延暦二十三年正月、武蔵・上総・下総・常陸・上野・下野・陸奥の食料が、陸奥国小田郡の「中山柵」（現在地不明。宮城県桃生町か）に搬入された。小田郡だから多賀城と胆沢城の中間辺りになるが、これは「蝦夷を征せんがため」であった（『日本後紀』延暦二十三年正月乙未条〈十九日〉）。坂上田村麻呂がふたたび征夷大将軍に任命され、副将軍も百済王教雲・佐伯社屋《もりや》・道嶋御楯《みたて》の三人、それに軍監八人、軍曹二十四人という編成で、編成だけをみれば堂々たるものであった。ただ同じ年にさらに胆沢城より北方の志波城との間に駅が設置されたり、また隣接の出羽国の秋田城を改編して秋田郡とする

阿弖流為（夷）・母禮（礼）記念碑
（京都市東山区，清水寺境内）
坂上田村麻呂が二人の助命を嘆願したが，かなわず処刑された。田村麻呂の建立した京都清水寺の境内，国宝の舞台の下あたりに，1994年11月に二人の功績を顕彰し，同時に鎮魂を祈る碑が立てられた。「北天の雄」の言葉が二人の地元東北への思いをうかがわせる。

坂上田村麻呂墓（京都市山科区勧修寺東栗栖野町）
京都から，東山山系を東に越えたすぐにある。小さな円墳であるが，後期古墳の墳丘を転用したものかもしれない。少なくとも調査の手はまだ及んでいないので，確実に田村麻呂の墓であるかには疑問が残されている。

など、蝦夷社会の地が次々に律令国家に組み込まれていっており、この第四次の征討は実質的にはあまり戦闘の上で意味を持たなかったようである。戦闘についての報告も史料にはなく、政府の「疲弊は極に達して」おり、この度の征討は「前回征討後の鎮撫を期した程度」というのが妥当な評価であろうかと思われる（高橋富雄『蝦夷』）。

桓武と蝦夷問題

このようにして桓武は蝦夷問題に対処し、坂上田村麻呂という名将を得てその戦争に勝利した。即位以前より続いていた蝦夷との紛争を解決したのは、とりもなおさず桓武であった。桓武の信賞必罰、獅子奮迅の活躍がこの勝利をもたらしたことは疑いない。蝦夷側にたった見方でないことは重々承知しているが、傑出した政治家としての桓武の姿をここに見出すことは、けっして誤りではないだろう。方針が正しかったかどうかはなお問題を残すにしても、第一次征討の折に見せた対応は、現地の状況をよく把握し、的確なものだったと思う。ブレーン的な人物がいなかったわけではなかったろうが、公卿の構成を見てみると、桓武の指導力が大きく関与していたのではないか。新王朝を意識し、それがためにに蝦夷といういわば異民族問題に熱心に取り組み、その制圧に熱意をかたむけた。むろん桓武朝で蝦夷問題が終わったというわけではないが、ほぼその意図するところは貫徹したものと思われる。

蝦夷征討との関係でいえば、坂上田村麻呂のことを見逃してはならないだろう。桓武の心底がここから見えてくるし、時代の動きも垣間見える。坂上氏は、完全な新興貴族である。本姓は漢《あや》氏で、そこから枝分かれした一族である。要するに渡来人であるわけで、桓武の政権運営方針に合致して抜擢されたのである。この時期のみに見られる渡来人公卿にもなっていて、また娘を桓武の后妃にいれてもいる。軍事能力のあったことはむろんだが、桓武の政権のありかたと深く関わる人事のなかで歴史の表舞台に登場したのであった。

遣唐使の派遣

蝦夷との戦争の最中、桓武朝ただ一度の遣唐使が任命され、延暦二十三年（八〇四）に唐に向かって出発している。次の承和五年（七三八）に渡航したものが唐に渡航した最後のもので、しかも副使小野篁《たかむら》が下船してしまうというトラブルをかかえてのものだったから、およそ二十回派遣された遣唐使（派遣回数は諸説がある）の、実質上は最後の遣唐使といってよいだろう。菅原道真の遣唐使停止提言からほぼ百年前のことである。

桓武朝は遣渤海使派遣が三度、渤海使来日が三度、遣新羅使は一度、新羅使来日が一度と（これも諸説がある）、かなり頻繁な海外接触の持たれていた時代であった。これらについては田島公氏の「日本、中国・朝鮮対外交流史年表」（橿原考古学研究所附属博物館編『貿易陶磁――奈良・平安の中国陶磁』所収）に詳しいが、そうしたなかで遣唐使も任命された。大使は藤原葛野麻呂、副使は石川道益（唐で客死）で、この人事に桓武天皇の意向が反映したかは確かめるすべはないが、葛野麻呂は桓武腹心の藤原小黒麻呂の子だし、母は秦下島麻呂の娘である。あるいはその渡来系氏族の血の持つ外交感覚を買っての任命かとも思われるが、これも詳細は不明である。

この遣唐使の歴史的意味は、むしろこれに随行した留学者たちにある。活躍は桓武後の時代になるけれども、その後の仏教界を担う幾人もの僧侶たちが同行した。天台宗・真言宗を創める最澄・空海、通訳を務め、のち初代天台座主となる義真などがそれで、特に義真は中国語に堪能で、最澄の推薦があったとはいうものの、彼らによる南都仏教を克服する新しい仏教世界樹立への、桓武の大きな期待があったことは想像しておいてよいだろう。最澄の帰国は間に合ったが、空海帰国は桓武死後だから、桓武の意向にそっての宗教界での活躍というわけにはいかなかったが、蝦夷との戦争、また二つの造都と国内の政務に奔走し、さらにここにいたって新しい国際的な先進的文化・文明の導入をはかろうとしたのである。ここにも桓武天皇の新国家の建設への強い意欲を読み取ることができる。

加えて言えば、この遣唐使のもたらした「唐国物」が、天智天皇陵・光仁天皇陵・崇道《すどう》天皇陵に捧げられたことも見逃すことができない（『日本後紀』）。天智系皇統につらなる天皇陵のみに奉呈されているのであって、この折りの遣唐使が文化使節にとどまらず、新皇統による国家建設という政治性を大きく持つものであることを物語るものといえよう。桓武最晩年での遣唐使派遣であったが、やはりそれは彼の新王朝構想と深くかかわるものであったのだ。

第六章　晩年の足跡

1　渡来人と天下徳政相論

母の死

蝦夷との戦争のさなか、桓武天皇は母の死に遭遇することになる。延暦八年（七八九）十二月のことである。母の名は高野新笠《たかののにいがさ》、はじめは和氏を名乗り、のち高野氏に改姓してこう称する。桓武こと山部のほか能登内親王をもうけたが（ただしこれには異伝がある）、とりわけ桓武の弟の早良親王の母でもあった。この早良親王は複雑な育ちをしたようで、若くして出家、父光仁天皇の即位とともに還俗、兄桓武、正確にいえば桓武の皇子の安殿との皇位をめぐる確執にさらされる。そして延暦四年十月に早良は憤死するところとなるのだが、兄弟間のこの紛争を高野新笠はわが目で見ており、その心中は察するに余りあろう。その心痛の重なりもあって、この年に死去するところとなったのである。

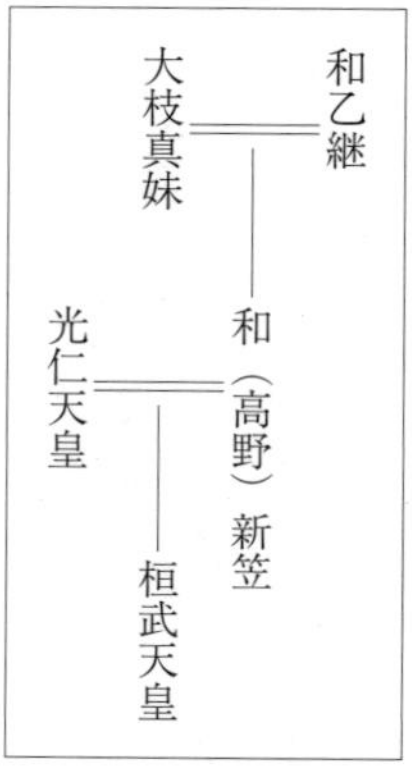

桓武天皇母方系図

この母高野新笠は、渡来系氏族の和氏の出身であった。その伝には、

皇太后、姓は和《やまと》氏、諱《いみな》は新笠《にいがさ》。贈正一位乙継《おとつぐ》の女《むすめ》なり。母は贈正一位大枝《おおえ》朝臣真妹《まいも》なり。后の先は百済の武寧王《ぶねいおう》の子純陀太子《じゅんだたいし》より出づ。皇后容徳淑茂《しゅくも》にして、夙《つと》に声誉を着《あら》わす。天宗高紹《あめむねたかつがす》天皇（光仁天皇）龍潜の日、娉《めま》きて納《い》れたまう。今上・早良親王・能登内親王を生めり。宝亀年中に姓を改めて高野朝臣とす。今上即位したまいて、尊びて皇大夫人とす。九年、追いて尊号を上《たてまつ》りて皇太后と曰《もう》す。その百済の遠祖都慕王《とぼおう》は、河伯の女、日精に感《め》でて生める所なり。皇太后は即ちその後なり。因りて諡《おくりな》を奉る。

（『続日本紀』延暦八年十二月明年正月壬子条〈十五日〉）

とある。系図で示せば、右のようになるのであり、桓武は四分一の渡来人の血を引くことになる。伝承も含めて、渡来人の血を引く天皇は過去にいないから、桓武はそういう意味で特異な天皇として統治にあたったということであろう。

「朕が外戚」宣言

この、自分が渡来人の血を引くということを、桓武は強く意識していた。むろんそれはただ血縁がそうだというだけでなく、縷々《るる》述べてきたように桓武の目指した新王朝の、文字どおりに政権基盤をなすものとして、渡来人パワー、という言い方が軽ければ、国際的環境の下での政権運営、新日本の創造を期待したのである。この点を見逃したのでは桓武天皇の人物像も、桓武政権の歴史的特徴も明らかにすることができないと思う。

高野新笠の崩御の直後の延暦九年二月、おそらくはこの百済系の血を引く母の死と関係するものであろうが、百済王《くだらおう》氏一族の玄鏡・仁貞・鏡仁らがいっせいに昇叙された。この時にこの昇叙の理由付けともいうべき声明が桓武によってなされ、そこに、

百済王等は朕が外戚なり。今この所以《ゆえ》に一両人を擢《あ》げて爵位を加え授く。
（『続日本紀』延暦九年二月甲午条〈二十七日〉）

と述べている。考えようによってはひどい理由で、要するに「朕が外戚」という親族関係にあるから昇叙したというのであり、えこひいきなどという範疇を越えている。桓武のなかば専制的で独裁的な政権運営を、

百済寺跡（大阪府枚方市中宮西之町）
隣接して百済王神社もあり，近辺に百済王一族が居住していたことが分かる。百済寺の創建は百済王敬福とも百済王明信ともいうが不詳。百済王一族が勢力を持ちはじめる奈良時代前期頃の創立らしいが，平安中期に焼失して寺勢を失った。現在は史跡公園となっている。

言い換えれば強い指導力を示すものではあっても、律令制本来の政務執行とは異なる原則といってよいだろう。そこまでして渡来人を重要視し、政権への参画をうながす必要があったということになる。すでに触れたことであるが、この桓武の志向性を考えるためには、さらに今一度奈良時代史の流れを確認しておく必要があるので、煩瑣をいとわず繰り返して整理してみたい。

政争とその克服

奈良時代の最初に政権を握ったのは藤原不比等である。この不比等《ふひと》の政権は大宝律令制定・平城京遷都・日本書紀編纂などの大きな事業を次々になしとげ、そしてなによりも、新興貴族に過ぎなかった藤原氏の権力を、一気にヤマト政権以来の豪族系貴族と同じ地位に引き上げることに成功した。と一口に言えば簡単だが、父鎌足からはじまる、といっても実質的には不比等からはじまるこの新興の勢力が、旧来からの伝統的権力を保持する貴族と肩を並べるまで上昇するには、相当な策をめぐらせ、権謀術数を用いる必要があったはずである。つまりそれだけ彼の辣腕によって排除され、利益を阻害された勢力が生じたということである。

彼は養老四年（七二〇）に六十二歳、当時の貴族達の平均寿命は五十歳代後半だから、いわば天寿をまっとうして死去するのだが、そのあとを継いで政権運営にあたる長屋王《ながやおう》は、こうした利益を阻害された反ないし非藤原氏勢力の結集の上に立つ。

この緊張の糸が切れるのが長屋王の変であって、一族の滅亡という劇的な出来事によって長屋王は政治の表舞台から姿を消す。彼の政権は養老四年からとして変の神亀六年（天平元年・七二九）までの十年弱ということで、次に登場するのが不比等の子供の、ふつう四子と称される武智麻呂・房前・宇合・麻呂の四人である。妹にあたる安宿媛（光明皇后）を聖武の皇后とするという、強引ではあったが藤原氏の勢力拡張に大きな位置を占めることになる策を成功させ、さらに藤原氏の勢力を伸ばした。それは同時にこれまた当然のこととして反ないし非藤原氏勢力の逼塞を余儀なくするわけで、四子がその政権を天平九年（七三七）の天然痘による全員の死去によって終えるまで、これも十年弱の政権であった。

そのあとに登場する橘諸兄《もろえ》の政権は、天平勝宝八年（七五六）に七十三歳に達したところで致仕（引退）して終わるのだが、実際にはその翌年に息子の奈良麻呂《ならまろ》がクーデター事件に敗れて諸兄から奈良麻呂への権力継承に失敗し、多くの犠牲者を出して藤原仲麻呂《なかまろ》政権へと時代は移る。この橘奈良麻呂の変は奈良時代未曾有の政変であって、その後の藤原仲麻呂がいかに独裁的な権力を保持したかということにつながるのだが、その仲麻呂の政権もその独裁性の故もあって天平宝字八年（七六四）に反乱に追い込まれ、一族の全てを失って終わる。

これにかわって登場するのは僧侶の道鏡で、称徳天皇の庇護の下に政権運営にあたる。政治的才能のほとんどなかった道鏡だったから、仏教教団と自分の一族を頼りとし、そしてなによりも称徳の皇権を基盤としての政権だったから、称徳の崩御とともに一挙に政権は崩壊、ここで登場するのが桓武の父の光仁天皇政権であった。

これらの奈良時代史をいろどる政治的事件のうち、桓武が直接に自分の目で見、耳に聞いたのは天平九年（七三七）生まれということから考えて、おそらくは天平宝字元年（七五七）の橘奈良麻呂の変あたりからであろう。当時は出仕前でもあり、ましてや皇位ともまるで関係なかった桓武だったから、どこまでこの事件に関係したかは不明だが、多くの皇族・貴族を巻き込んだ政変は、すでに父光仁天皇が「勝宝より以来、皇極弐《つぎて》なく、人彼此を疑いて罪され廃さる者多し」という状況のなか、「深く横禍の時を顧みて、或は酒を縦《ほしいまま》にして迹《あと》を晦《かく》す」ことを余儀なくされたというような状況にあり（「続日本紀」光仁天皇即位前紀）、同じ環境のなかで成人してきた桓武も、この頃から政治・政権への対応に慎重な態度を養うことになったことであろう。時代と環境が人をつくるのであって、桓武の場合も当然その原則の中にあり、けっして桓武個人の才能や個性のみによって築かれた歴史ではなかった。

さらに続いての道鏡政権の劇的な終末、また桓武自身の生涯にかかわる井上皇后・他戸《おさべ》皇太子の廃立、氷上川継《ひかみのかわつぐ》のクーデター事件と、引きも切らず政治的変動が起こっていた。天皇として政権運営に当たるようになってから桓武が、こうした政変を何とか起こらないようにし、安定した国家・社会を建設しようとしたのは当然のことであった。

渡来人公卿と政争

したがって桓武にとって、まず何よりも大事なことは、政権の安定であった。ほかならない自分自身がこうした政争のなかで、それをくぐり抜けて即位してきたことをよく知っていたし、結果として政権の安定化に成功してそれは四半世紀にわたる在位となる。

この流れのなかで渡来人と桓武政権のことを考えてみると、その意味合いがよく分かる。この時期にいたるまで渡来人、正確にいえば「諸蕃」系の氏族は政治の世界からは疎外されており、一般官僚は別として、国務に参画するという例はなかった。「新撰姓氏録」でいえば天皇・皇族の子孫である皇別氏族と、神々の子孫である神別氏族の両者によってのみ、ヤマト政権時代以来ずっと政権は運営されてきた。つまり奈良時代のあらゆる政争はこの皇別・神別氏族によって繰り返されてきたということになる。

つまり渡来人である諸蕃氏族は、こうした政争に直接の関係を持つことはなく、いわば中立の立場というか、政争の圏外を維持してきたというか、圏外に置かれてきたということになる。桓武の渡来人重視という意図はそこにあり、この政争からの距離、中立性に注目して登用を決めたのである。和家麻呂《やまとのいえまろ》が延暦十五年、坂上田村麻呂・菅野真道《すがののまみち》にいたっては延暦二十四年と桓武政権の最晩年だから結果として実際にどこまで桓武の構想を実現するのに貢献したかは不明としかいいようがないが、桓武の意図するところがこのようなものであったことは、ほぼ同じ時期に政権へ登用され、非参議のままその生涯を終えはするが、平安京遷都を建言したりした渡来系氏族出身ではない和気清麻呂《わけのきよまろ》の抜擢にも見出すことができよう。桓武天皇自身の血に渡来系氏族のそれが流れているという血統・血縁的なものだけでなく、政権ないし国家運営にかかわって桓武は渡来人を重要視したのだということを見逃してはならない。

この点で参考とすべきは、平安京遷都の推進者が和気清麻呂と菅野真道だという説である（滝浪貞子『平安建都』）。遷都という政治過程と実際の宮都建設は別に考えねばならないが、遷都という大きな政治的変動をともなう政策を実施するとき、先に述べた政争の圏外にあった勢力を登用することは、こうした変動を避け、政権の安定を保つために是非とも必要なことだったのである。

桓武天皇と後宮渡来人

桓武との関係で今ひとつ触れねばならない渡来人に関することは、後宮における渡来人の処遇である。「百済王等は朕が外戚」の宣言に見られるように自身の血縁に渡来人の血を強く確認していた桓武だが、たしかに渡来人を信頼すべき存在と見ていたことは事実で、自分のまわりを信頼できる彼らによって固めようとした。渡来人公卿もその一つだが、桓武の後宮の女性たちに渡来人が多く見受けられるのも、桓武の渡来人重視策の一つとして考えてよいだろう。

桓武天皇には、知られるだけで合計二十七人の后妃がいた。かなりの多数にのぼるが、長命でもあったし、特に異例とするにはあたらない。ちなみに桓武の皇子の嵯峨天皇の后妃数は二十九人が知られる。

このうち六人が渡来系氏族の出身であった。すなわち、百済王教法・坂上又子（全子。高津内親王の母）・坂上春子（葛井《ふじい》親王・春日内親王の母）・百済王教仁（大田親王の母）・百済王貞香（駿河内親王の母）・百済永継（良岑安世《よしみねのやすよ》の母）である。その半分の三人が百済王一族であって、「朕が外戚」宣言はまさにそのとおりなのであった。桓武の直後の時代に成立した「新撰姓氏録」の諸蕃氏族の占める比率はおおよそ三割だから、この比率でいけば二十七人中六人というのもこれでも少ないということになるが、后妃に渡来系氏族の女性がなるというのはきわめて珍しいことで、ここにも桓武の渡来系氏族にかけた期待の大きさが知られる。

桓武皇子の平城《へいぜい》天皇が葛井《ふじい》氏の女性を、嵯峨天皇が百済王一族の女性を、仁明《にんみょう》天皇が同じく百済

桓武天皇の后妃

名	地位	位階	父母	子女	没年	没年令
藤原乙牟漏《おとむろ》	皇后		父　内大臣藤原良継 母　従三位阿倍古美奈	平城天皇 嵯峨天皇 高志内親王	延暦九年閏三月	31
藤原旅子《たびこ》	夫人	従三位	父　参議藤原百川 母　従三位藤原諸姉	淳和天皇	延暦七年五月	30
酒人内親王	妃	二品	父　光仁天皇 母　皇后井上内親王	朝原内親王	天長六年八月	76
藤原吉子	夫人	従三位	父　右大臣藤原是公 母　従三位橘麻通我か	伊予親王	大同二年十一月	
多治比真人真宗《まむね》	夫人	正三位	父　参議多治比長野	葛原親王 佐味親王 賀陽親王 大野（大徳）親王 因幡内親王 安濃内親王	弘仁十四年六月	55
藤原小屎《おぐそ》	夫人	従三位か	父　中務大輔藤原鷲取 母　従三位藤原人数か	万多親王		

紀乙魚《おといお》	女御	従四位下			承和七年五月	
百済王教法	女御	従四位下	父　百済王俊哲		承和七年十一月	
橘常子	女御	従三位	父　兵部大輔橘島田麻呂	大宅内親王	弘仁八年八月	30
藤原仲子	女御	正四位下	父　参議藤原家依			
橘御井子	女御	従三位	父　左中弁橘入居	賀楽内親王 菅原内親王		
藤原正子	女御		父　無位藤原清成			
坂上又子（全子）		正五位上	父　左京大夫坂上苅田麻呂	高津内親王	延暦九年七月	
坂上春子		従四位下	父　大納言坂上田村麻呂	葛井親王 春日内親王		
紀若子		従四位下	父　大納言紀船守	明日香親王		
藤原上子		正五位下	父　大納言藤原小黒麻呂	滋野内親王		
藤原河子		従四位下	父　神祇伯藤原大継	仲野親王 安勅内親王 大井内親王 紀内親王 善原内親王	承和五年正月	
河上好《よし》		従五位上	父　外従五位下錦部春人	坂本親王		

藤原東子		従四位下	父　中納言藤原種継	甘南美内親王	弘仁七年四月	
藤原平子		従五位下	父　中納言藤原乙叡 母　従四位下藤原名子か	伊都内親王	天長十年	
中臣豊子			父　正六位上中臣大魚	布勢内親王		
百済王 教仁《きょうにん》		従五位下	父　周防守百済王武鏡	大田親王		
百済王 貞香《じょうきょう》		従五位下	父　従四位下刑部卿百済王教徳	駿河内親王		
橘田村子			父　左中弁橘入居	池上内親王		
多治比豊継		従五位下		長岡岡成		
百済永継		従七位下	父　正五位上飛鳥戸奈止麻呂	良岑安世		
因幡国造浄成女		正四位上			延暦十五年十月	

「女御」は「後宮職員令」などに規定がないが、桓武の頃から置かれたらしい。『平安時代史事典』の「日本古代後宮表」などによって作成した。

王氏の女性を、とそれぞれに女御・尚侍などとしているが、これが平安時代におけるすべての渡来系氏族出身の后妃であって、光仁天皇の后妃の高野新笠から始まる渡来系氏族出身の后妃という伝統は、桓武朝を中心とするごく短期間の史的特徴なのである。桓武の父の光仁天皇の場合は、桓武の生まれ年から考えてまったく皇位とは縁のない時代の婚姻であって、渡来系氏族の女性を后妃とすることに配慮がはらわれてのことではないだろうし、とするとやはりこの現象の火付け役というか、出発点をなしたのは桓武天皇であったといってよいだろう。桓武の渡来系氏族への傾斜の強さを見ることが出来る。

後宮はむろん単なる女性集団ということにとどまるものでなく、もっと広く深い政治とのかかわりを持つ。女性の背後にある豪族・貴族の政治的地位とも密接に関係するわけであって、いってみれば後宮に自分たち一族の女性を入れるということは、その一族の政治的地位の高まりを物語る。桓武と二十七人の后妃たちがどういう動機で桓武と知りあったかはまるで分からないし、むろん恋愛による結婚もあっただろうが、多くは政治的な都合によって結ばれた婚姻関係であって、当時の天皇・皇族のごく一般的な婚姻であった。

渡来人后妃の身辺

桓武の場合、百済王氏・百済氏、それに坂上氏・河上氏（錦部氏《にしごり》）からの出身女性を后妃としている。それぞれの后妃との出会いがどういうものであるかが分かれば、興味深い桓武の人物像が浮かんでくるのであろうが、それらは当たり前のことながらことごとく不明である。高級政治家の娘、たとえば内大臣藤原良継の娘の乙牟漏《おとむろ》が皇后になったというような明白な政治的経緯の推定できるものは別として、不明なものも桓武以外の天皇においてもいくつも見出せるから、結婚の動機は分からない。

そこでこれらの渡来人の后妃であるが、まず百済氏の娘永継の百済氏は、もと飛鳥戸《あすかべ》氏であった。弘仁三年にいたって百済宿祢を名乗ることになったもので（『日本後紀』弘仁三年正月辛未条〈十二日〉）、この時点までは飛鳥戸氏ということになる。桓武との間にもうけた良岑安世の生年は延暦四年（七八五）で、安世の異父同母の兄の藤原真夏《まなつ》は宝亀五年（七七四）の生まれ、その弟の冬嗣の生まれは宝亀六年だから、この時点では当然、まだ真夏・冬嗣父の内麻呂の妻だったことになる。しかるのちに桓武との関係が生じることになるが、これは宮廷での人間関係から発するものと考える以外にないだろう。永継が渡来人であったことも桓武の心にはあったかもしれないが、少なくとも彼女は飛鳥戸氏地元ともいうべき河内国にも住んではいないし、桓武と后妃の関係が生まれるのに渡来人であることが関わっていたとは判断できない。証拠はないけれども、桓武とこの永継とのつながりに恋愛関係を想定してもよいように思う。

河上好《よし》（あるいは真奴とも）の河上氏はもと錦部氏で、父は錦部春人である。河上氏は好が桓武との間に坂本親王をもうけて以後の姓で、父春人は外従五位下であった。坂本親王の誕生は平安京遷都直前の延暦十二年で、このころの桓武との関わりということになる。父の春人の経歴などは不明だが、外位を帯びていることから考えて地方豪族的な地位にあったことは疑いなく、すでに天皇として即位してかなりに日も経っている頃のことであるし、それが外位の氏族の娘を后妃とするのはあるいは彼女が渡来人であることによるものかもしれない。

坂上《さかのうえ》氏からは又子・春子の二人が后妃となっている。ともに坂上一族の娘で、こちらはそれぞれの父苅田麻呂《かりたまろ》・田村麻呂と桓武天皇との関係で生じた后妃関係であることは明白である。

はじめに又子だが、その桓武との間にもうけた高津内親王（のち嵯峨天皇の妃）の生年は不明で、したがって桓武との関係の生じた時点を推定することができないが、「天皇（桓武）の儲宮《もうけのみや》に在るときに選び入れられ」たというから（『続日本紀』延暦九年七月乙酉条〈二十一日〉）、桓武の皇太子時代に妃に列したことになる。ということはすでに即位への道の見えている頃のことということになり、桓武が彼女の父苅田麻呂を「寵遇優厚」したこととあいまって（『続日本紀』延暦五年正月戊戌条〈七日〉）、やはりその後の政権運営における渡来人の役割を考えてのことであるだろう。

田村麻呂の娘の春子も同様で、彼女の場合は桓武との皇子の葛井親王の誕生の延暦十九年から考えると、当然天皇になってからの関係の発生であろう。ただ父田村麻呂はまだ参議にはなっておらず、高級政治家とはいいがたいから、苅田麻呂以来の坂上氏の活躍、つまりは渡来人氏族への着目があっての后妃への登用ではなかっただろうか。

要するにこれらの渡来人后妃たちは、時代の象徴、桓武の政権運営の重要な要素として成立した歴史現象なのであって、基底には桓武が渡来系氏族の血を引いていることがむろんあったけれでも、それだけの狭い範囲で起こった現象ではなかった。桓武天皇時代全体の広範な歴史と文化のなかで起こったことなのであって、まさに歴史的出来事なのである。単なるえこひいきでもなければ、桓武個人の血の問題でもない。広く時代をふまえ、考えての桓武の行動だったといえるとわたしは思う。奈良時代から平安時代への転換期を生きた桓武の確固たる信念と、それに基づく行動の足跡をここからもうかがい知ることができる。

さらにそのことを考える重要な課題は、百済王明信《くだらおうみょうしん》のことである。「百済王らは朕が外戚」という宣言は特に有名だが、この一族と桓武のかかわりは桓武時代の歴史や文化を考える場合に無視できない大きな要素であった。

桓武天皇と百済王氏との関係はいつ発生したのであろうか。そしてそれはまたどういう動機によるものであろうか。

百済王一族の活躍

百済王一族の活躍は、桓武朝にはじまるわけではない。「王」の文字が示すようにこの一族は朝鮮半島の百済国から渡来した、百済国の王室一族を祖先とする渡来系氏族である。禅広《ぜんこう》またその子の昌成《しょうせい》は、ともに日本に渡来したもののさしたる足跡は残さなかったが、その子の遠宝《えんぽう》・郎虞《ろうぐ》・南典《なんてん》は、遠宝が左衛士督・従四位下、郎虞は摂津亮・従四位下、南典は非参議・従三位と、いずれも四位以上に達しており、朝廷においてそれぞれに役割を果たした。

特に高位に達したのは、百済王敬福《きょうふく》であろう。陸奥守時代に陸奥から黄金の出現を見、これを朝廷に献じたことは著名で、ために従三位に叙されている。日本本土から出土はないと信じられていた黄金を献上したことは当時の朝廷に大きな功績として評価され、百済王氏の地位の上昇に貢献した。年号が天平感宝《てんぴょうかんぽう》（三カ月で天平勝宝と改元）とされたことが、皇族・貴族たちの喜びの大きさを物語っている。

またそれ以上に大きな貢献は、軍事上のそれである。橘奈良麻呂の変の折りには藤原仲麻呂の側に立って奈良麻呂を逮捕・拷訊にあたったし、淳仁《じゅんにん》天皇の廃立に際しては外衛府《がいえふ》の大将としてこれを逮捕している。

「放縦《ほうしょう》して拘わらず、頗《すこぶ》る酒色を好む」にもかかわらず、聖武天皇は敬福を「殊に寵遇を加えて、賞賜優厚」したというが（『続日本紀』天平神護二年六月壬子条〈二十八日〉）、これもかの光仁天皇が酔漢の振りをして難を逃れたというのと、軌を一にするものではなかろうか。敬福の才能、融通無碍《むげ》に、あくまで中立をよそおっての生き様を語るエピソードとして評価する必要があろうと思う。激烈な敵対関係にあった藤原仲麻呂と道鏡・称徳天皇政権との両方に貴重な人材として登用され、貢献したのはまさにそのことを物語るものであった。いかに百済国のもと王族とはいえ、日本に渡来して、一世である昌成《しょうせい》からすればいってみれば三世に過ぎない。それが死去の時には従三位・刑部卿にまで出世するには、相当な努力と才能を必要としたと考えるのが常識である。転変きわまりない奈良時代政界のなかで、この氏族の急激な上昇を考えてみる必要があろう。桓武天皇が「朕が外戚」といったのは、やはりただに血縁の問題だけではなかったのだ。

百済王明信のこと

直接的な百済王一族と桓武との関係でいえば、先にも述べたように、百済王明信のことを見逃すわけにはいかない。桓武天皇の後宮の女性の重要人物として、桓武との個人的で強固なつながりを持ち、政権の運営に大きな影響をあたえたといってよいだろう。

明信は、藤原継縄《つぐただ》の妻である。その間に乙叡《たかとし》をもうけていて、この乙叡は大同三年に四十八歳で死去しているから、逆算すれば天平宝字五年（七六一）生まれということになり、つまりその頃には継縄と結婚していたことになる。

この乙叡は中納言にまで昇進するのだが、その昇進は「父母の故を以て、頻りに顕要を歴て中納言に至」ったもので、それは「帝の寵渥を被」ってのことだったといわれている（『日本後紀』大同三年六月甲寅条〈三日〉）。本人は「姓頑驕にして妾を好む」「瀉酒《しゃしゅ》して不敬なり」などと言われていて（同）、女性と酒にだらしなく、母の縁故による出世を非難されていたようだが、いわばそれだけの桓武朝廷への影響力を明信は保持していたということなのであり、百済王氏一族の政界に占める位置と、明信個人の桓武との関係の、この両者によって乙叡の昇進はあった。

明信と桓武天皇との個人的な関係の生じた時期は不明だが、聖武天皇以来の百済王氏の出世と深くかかわることは間違いなかろう。そしてその伝統を受けて桓武の皇太子時代、つまりは宝亀年間以降の桓武との関わりの成立ではないか。特に証拠はないが、明信が後宮に深く関与するようになり、かつ桓武も後宮と関係するにいたった時代以降ということになるから、それは皇太子時代以降でなければならない。すでに継縄と夫婦の関係にあったにもかかわらず桓武の「寵渥」を受けたわけで、その間にどういう事情なり機微なりがあったかはこれも不明だが、桓武が即位するにいたって急速に百済王氏一族が歴史の表舞台に登場することは事実である。

女性が政治の表舞台に立つことは、女帝をのぞいてきわめてまれな時代であったが、そしてたしかに律令官制のなかに女性の貢献する余地はきわめて少なくもあったが、間接的に政治を動かすことは、唐突な引用のようだが江戸時代の大奥の女性たちにそれは見られるところである。女性本人に政治を左右する権限はないにしても、政治を動かしうる存在、江戸時代でいえば将軍を、奈良・平安時代でいえば天皇を動かせばよいわけである。県犬養宿祢《あがたいぬかいのすくね》橘《たちばなの》三千代《みちよ》がそのもっとも好例であろう。政治の表舞台に立つことは一度もなかったが、長きにわたって後宮に大きな影響力を保持し、夫藤原不比等の昇進をたすけて遂には右大臣にまで至らしめ、また不比等の娘の宮子を文武天皇の夫人にし、さらには娘安宿媛《あすかべひめ》（光明子）の立后に多大の貢献をしたことはその典型である。

百済王明信の名がはじめて見えるのは、光仁天皇の即位にともなって昇進人事が行われた際であって、従五位下から二階昇進して正五位下となった（『続日本紀』宝亀元年十月癸丑条〈二十五日〉）。このとき複数の女性が叙位の対象となっているが、道鏡事件に活躍した和気広虫《わけのひろむし》も同時に叙位され、従五位下となっていて、新天皇の政権発足とともに後宮の再編がおこなわれた様子が知られる。すでに明信は従五位下だったから、何らかのここまでの朝廷への貢献があったことは疑いなく、敬福の孫、理伯の娘というその家系によって朝廷で重きをなすにいたったのである。

彼女の後宮での地位がはじめて見えるのは宝亀十一年（七八〇）のことで、「命婦《みょうぶ》」とある（『続日本紀』宝亀十一年三月丙寅条〈一日〉）。命婦は五位以上の位を持つ女性をいうもので、どういう具体的な官職についていたかは分からないが、後宮の女官としてその職務を果たしていたことは確かである。

その地位と重要性は、桓武の即位とともに高まったようで、即位の直後の天応元年（七八一）十一月に従四位下に昇進、桓武後宮のなかに加えられている。

桓武との個人的関係がはっきりするのは延暦二年（七八三）のことで、この年十月に河内国交野《かたの》（現・大阪府枚方市、交野市の一帯）に行幸し、遊猟を行ったときである。桓武は交野郡に行宮《かりみや》をいとなみ、その行宮に供奉した百済王一族に加階した（『続日本紀』延暦二年十月庚申条〈十六日〉）。この時に明信も正四位下に昇進していて、百済寺《くだらでら》に正税が施入されたことや、百済王一族が集中的に加階されていることとあわせて、明信がこの行幸に同行し、そのための昇進であったことは疑いなかろう。翌十一月にはさらに昇進して正四位上になっているから、この頃から急速に桓武との関係は深まっていったものと考えてよい。

延暦六年八月、今度は桓武は高橋津（京都府の淀川沿いの津かというが、現在地不明）に行幸した（『続日本紀』延暦六年八月甲辰条〈二十四日〉）。そして「藤原朝臣継縄の第」に立ち寄り、その妻の明信に従三位を与えている。三位といえば公卿クラスであり、女性としては最高位に等しい。やはり桓武の深い信頼があってのことと考えるほかなく、延暦四年十一月・同六年十一月に郊祀のことが見え、また同六年十月の行幸では継縄の交野別業が行宮になっていることなどとあわせ考えれば、百済王一族との関係のますますの深まりを知ることができるし、その核に明信があったことを疑うわけにはいかないだろう。

それほど明信は、後宮はむろん、朝廷全体にも大きな影響力を持ったのであって、彼女の桓武との関係が百済王一族の上昇に大きく貢献したこともまた疑いない。桓武がなぜそこまで明信という一女性を気に入ったのかはむろん不明だが、同じ渡来系氏族の血縁につながるという気安さもあっただろう。しかしなによりも新しい王朝の樹立を目指し、そのためにこの一族を登用したという政治的動機を見逃してはならないとわたしは思う。

明信の夫は、最後は右大臣にまで出世する藤原継縄《つぐただ》だが、この継縄を平安遷都の建議者として、和気清麻呂《わけのきよまろ》・藤原小黒麻呂《ふじわらのこぐろまろ》よりも重要な役割を果たしたとされたのは佐伯有清氏である(『日本古代の政治と社会』)。遷都当事者ともいうべき桓武と継縄との接点は、当然明信によって築かれたものと思われるが、本来なら南家を継承すべき地位にいた父の豊成が、その弟仲麻呂にその地位をとってかわられた悔しさを、豊成の子として継縄も感じていたのではないか。

藤原継縄のこと

仲麻呂失脚直後ともいうべき天平神護二年(七六六)に彼が参議に昇進したのも、仲麻呂政権と距離を保って過ごしてきたからで、さらにはそのスタンスは桓武政権時代にも生きることになる。政争から中立的位置を保持してきた貴族を登用するという方針に、継縄は一致したのである。あまり指摘されたことのない考え方かと思うが、わたしは重要な継縄の人物像に関する特徴かと考えている。

とりわけ延暦六年十月に桓武が交野《かたの》に行幸し、継縄の別業を行宮とした際に、継縄が「百済王らを率いて種々の楽を奏」したという記事は興味深い(『続日本紀』延暦六年十月己亥条〈二十日〉)。十七日に行幸、二十日に長岡宮に帰還しているから四日間の滞在ということになる。

同じことは延暦十年にも見られ、この時の交野行幸も「右大臣の別業」が行宮となっていて、やはり同じく「右大臣、百済王らを率いて百済楽」、つまり継縄が百済王一族を引率して楽を奏したという(『続日本紀』延暦十年十月丁酉条〈十日〉・己亥条〈十二日〉)。両回ともに男子の乙叡《たかとし》が昇進し、同時に多数の百済王一族が加階されていて、あたかも百済王閥のための行幸のように見受けられる。たしかに交野は長岡京からは至近の距離にあったたし、継縄の別業の位置は不明にしても、両者の中間的な場所ではあったろう。この継縄や百済王一族への傾斜を、桓武の個人的好みの問題として考えることもむろん可能だろうが、繰り返し述べているようにその背後に奈良時代政界の転変極まりないなかで中立的な位置を、それを余儀なくされたケースも含めて、保ってきた人々や氏族を桓武新政権の基盤にしようとしたという政治的理由を見逃してはならないと思う。

ところで、この両回の交野行幸において藤原氏の継縄が、なぜ他氏族である百済王氏一族の族長的な立場にあったのだろうか。「百済王ら」一族を引率できるのは本来なら百済王氏の人物であるはずで、にもかかわらず無関係の継縄がそれをいわば代行して行っているということは、継縄と妻明信との関係によるものとしか考えようがない。安殿《あて》親王の立太子とともに皇太子傅《ふ》になったというのも、やはり妻明信との関係によるものであろう。継縄は朝廷の要職を歴任し、遂には右大臣にいたり、「謙恭みずから守る」ところがあったが、いっぽうで「政迹聞こえず、才識なしと雖も世の譏りを免る」とあるように（『日本後紀』延暦十五年七月乙巳条〈十六日〉）、政治家としては無能に近く、たしかに政治のうえではさしたる業績を残していない。この凡庸ともいえる継縄が桓武に近づき、重く用いられた直接的な原因は妻とその出身氏族の百済王氏との関係によるものであるといってよい。

しかしまた、その背後には桓武政権の基盤そのものに関わる重要な政治的理由があった。

桓武周辺の渡来系氏族

そこで次に桓武天皇をめぐる、文字通りに周辺の渡来人について考えてみたい。何度も述べてきたように渡来人と桓武との問題は、ただに血縁にとどまるものではなく、もっと歴史的な広がりを持つものだと考えるからである。

延暦十一年、僧施暁《せぎょう》が奏上して人々の得度《とくど》の許可を求めてきた。

山背国の百姓秦忌寸刀自女《はたのいみきとじめ》ら三十一人、倶に誓願を発し、聖朝（桓武天皇）の奉為《おんため》に去んぬる宝亀三年より今年に迄るまで、毎年春秋に悔過《けか》修福す。其の精誠を顧りみるに、実に随喜すべし。伏して其の心願に従いて、みな得度せしめんことを。（「類聚国史」一八七、延暦十一年正月庚午条〈十五日〉）

というものである。この記事については村尾次郎氏が詳細で示唆深い分析をされているが（『桓武天皇』）、要するに山城国に住む秦氏一族が、宝亀三年（七七二）よりずっと仏事を修していたというのであり、宝亀三年といえば三月に皇后井上内親王が「巫蠱《ふこ》」で皇后を廃され、ついで五月にはその子の皇太子他戸《おさべ》親王が廃された事件のあった年である。つまり即位の可能性のまるでなかった山部王が、新たに皇太子となり、即位への道が開けてきた時なのである。他戸皇太子廃立・山部立太子という筋道はついたものの、いきなり皇太子が変更になることに抵抗のある勢力もむろんまだ存在しており、けっして山部王の皇太子は安定したものとはいえなかった。そういう段階でこの秦氏たちの誓願が行なわれていたのであり、桓武の将来の安泰を祈ってのものであった。事件の翌年の宝亀四年に山部は立太子するが、それ以後も誓願は続けられたのであって、桓武と渡来系氏族との関係をよく示す例といえよう。

秦氏はいうまでもなく新羅系の渡来人で、桓武が自ら宣言した百済系の氏族ではなく、したがって桓武との直接的な血縁関係はないことになる。つまり秦氏と桓武は狭い意味での血縁だけでつながっていたのではないことの証拠でもあり、百済系も新羅系もともに同じ渡来人・渡来系氏族として桓武は認識していたのであろう。両者同じように自らの政権基盤としてこれらの渡来系氏族を登用しようとしたのである。

桓武天皇と渡来人ということでは、その周辺の貴族勢力と渡来系氏族との関係にも留意せねばならない。そしてその第一にあげるべきは、古くから注意されていたことだが（喜田貞吉『帝都』）、藤原種《たね》継《つぐ》のことである。種継はその母が渡来人の秦氏出身で、秦朝元を父とする女性である。古く秦氏との関係でいわれたのは、長岡京の造営に資財の援助を朝廷が求め、そのパイプ役になったのが秦氏女性を母とする種継だったという説である。その実否は確かめがたいが、桓武が種継を寵愛にも近いほどに側近としたのは、ただ政治的に優秀だったというだけでなく、彼が渡来人の血を引いているということもたしかにあったと思われる。

さらに秦氏との関係を示すのは、藤原小黒麻呂である。その妻が秦氏で、その間に葛野麻呂《かどのまろ》が誕生している。種継が長岡京建設の責任者的位置にいたのに対し、小黒麻呂は平安京建設の中心人物、立役者で、結局その遷都を見ないで死去するけれども、計画・造営の当初段階で大きな役割を果たした。

この二人の登用は、それぞれが有能ということももちろんあったが、それに加えて二人が渡来系氏族の血を引くという桓武との近縁性があったことも否定することはできない。桓武天皇自身の意識はむろん、政策決定過程にまで渡来系氏族の血縁は反映していたのであって、何度も述べている奈良時代政争から中立的な勢力としての渡来系氏族という観点とあわせて、種継・小黒麻呂の重用もたいへん興味深いといえよう。

渡来人の公卿

和《やまとの》家麻呂《いえまろ》のことは、さらによくこのことを証明している。家麻呂は彼の死去したときの伝記に「人と為《な》り木訥《ぼくとつ》なるも才学なし」、つまり人柄はよかったけれども才能も学識もなく、それがしかるに中納言にまで昇進したのは「帝の外戚を以って特に擢進せら」れたがためであったという（『日本後紀』延暦二十三年四月辛未条〈二十七日〉）。いわば桓武のえこひいきによる出世とみんなは感じていたわけであり、そしてそのえこひいきの寄ってきたるところは家麻呂が渡来系氏族の出身で、桓武のいとこにあたるからということ以外に考えられない。桓武はやはりこの渡来系氏族の出身であるという、自分の血縁につながり、かつ政治的に利用価値の高い氏族を、高度な政治判断で登用したのである。

この家麻呂は、「蕃人の相府に入るは、此れより始まる」とも称された（同前）。「相府」とは帝相の府のことをいい、つまりは家麻呂が議政官になったことをいう。「蕃人」、すなわち渡来系氏族から帝相になったのは、彼が最初ということになる。渡来系氏族の国政との関係については韓昇氏に詳細な検討があるが（『渡来人の先祖伝承および渡来形態について』）、「新撰姓氏録」によればすでに触れたように古代氏族は三種に区分されている。そこにおいて渡来系氏族である「諸蕃」氏族の占める比率はほぼ三十パーセントである。正確にいえばこの書物に記載される氏族は畿内氏族のみだし、この数値にどれほどの意味があるかも問題が残るが、一一八二氏が、「皇別」三三五氏・「神別」四〇四氏・

「諸蕃」三二六氏、それに「未定」一一七氏に区分されていることは事実である。

そしてこの三種の区別のうち、国政をヤマト政権以来担いつづけてきたのはことごとくが皇別・神別氏族なのであって、渡来系氏族からの「相府」への参加は実際に皆無であった。それがただ一時期だけあったのが桓武の時代なのであり、家麻呂がその一人であった。平安遷都直後の延暦十五年に参議となるが、同二十四年には坂上田村麻呂と菅野真道が参議、と桓武朝にあいついで渡来系氏族の参議が出現している。渡来系氏族公卿のこの時期のみの出現は、やはり桓武の渡来系氏族への傾斜を示すものであるとしか考えようがないし、初例ともいうべき家麻呂の参議就任が延暦十五年、田村麻呂・真道が同二十四年と、この間十年間である。

ただしこれとは別に春澄善縄《はるずみのよしただ》が、韓昇氏によって渡来系氏族出身公卿としてあげられている。ちなみにこの春澄善縄はもと猪名部造《いなべのみやつこ》善縄で、兄弟姉妹五人が春澄宿祢（のちに朝臣）を賜わったものので（『日本三代実録』貞観十二年二月十九日条）、この猪名部氏は「新撰姓氏録」では神別として「伊香《いか》我色男命《がしこおのみこと》の後」として記載されている神別氏族で（同書左京神別上）、すなわち渡来系氏族ではないとわたしは考えている。

2 天下徳政相論の世界

桓武天皇が崩御する直前、天下徳政相論と呼ばれる議論が宮廷で行われた。桓武の晩年を画する重要な議論であり、かつまた桓武天皇の人生をしめくくるにふさわしい出来事でもあった。その詳細をながめてみよう。

議論の内容は残念ながらほんの断片しかわからない。議論のあったのは延暦二十四年十二月のことであったが、記録されている全文をあげてみよう。

「軍事」と「造作」

是の日、中納言近衛大将従三位藤原朝臣内麻呂殿上に侍す。勅有りて参議右衛士督従四位下藤原朝臣緒嗣をして、参議左大弁正四位下菅野朝臣真道と天下の徳政《とくせい》を相論ぜしむ。時に緒嗣議して云うに、方今天下の苦しむ所は軍事《ぐんじ》と造作《ぞうさく》となり。此の両事を停むれば百姓安んぜん、と。真道異議を確執して聴くことを肯んぜず。帝、緒嗣の議を善しとし、即ち停廃に従う。有識之《これ》を聞きて感嘆せざる莫し。

（『日本後紀』延暦二十四年十二月壬寅条〈七日〉）

というものである。

すなわち、この七日に桓武はまず宮中に藤原内麻呂を召しだし、これに命令して藤原緒嗣《おつぐ》と菅野真《すがののま》道《みち》に議論させた。その議題は「天下の徳政」、すなわち徳のある政治とは何か、今はその徳のある政治が行われているか、などであって、あまり生産的な議論ではないように思えるのだが、桓武の生涯を考えるうえではたいへん重要な議論であった。

まず藤原緒嗣が意見を述べ、「天下」は今「軍事《ぐんじ》と造作《ぞうさく》」に苦しんでおり、この両方を停止したなら「百姓」、すなわち国民は暮らしを安んじるであろう、と提言した。「軍事」とは蝦夷との戦争であって、大まかな言い方をすれば蝦夷との戦争は開始の方針をまず決定し、しかる後に準備を始め、戦争の実施、ついで終結を宣言してその戦後処理を行うまで、戦争が東北地方という遠方で行われており、また冬の間はまるで戦争にならないことなどもあり、一回にほぼ五年を要したようである。桓武の在位四半世紀のうちで四回行われたのであるから、これに五年をかければそれだけでも二十年ということになり、治世のほとんどをかけての事業ということになる。つまり「軍事」は桓武の天皇としての生涯にとって最も重大な政策であるということになる。

「造作」は宮都の建設である。桓武天皇は長岡京と平安京の二度の宮都建設を行ったが、いみじくもこの平安京建設中止の議論が延暦二十四年に起こっているように、ひとつの宮都の建設にはほぼ十年を要したのである。ちなみに平安京は延暦十二年に建設に入り、この議論の年まで十二年間を「造作」にあててきたということになる。これを二度やったのだから、やはり治世のほとんどの期間を「造作」にかけてきたということになる。宮都の建設も、やはり桓武の生涯をかけた事業ということになるだろう。

しかしこの両事業が国民に大きな負担を強いてきたこともまた確かなことであって、人員の動員、資金の調達など、ことごとくが一般国民にのしかかってきたことも事実であった。その具体的なことまでは不明というほかないが、国民から怨嗟の声が上がるのは当然のことでもあった。正史である『日本後紀』も桓武天皇の崩御に際して、「内には興作《こうさく》を事とし、外には夷狄《いてき》を攘《う》つ。当年《とうねん》の費《ついえ》と雖《いえど》も、後世《こうせい》の頼《たより》とす」（『日本後紀』大同元年四月庚午条〈七日〉）と述べて、評価はしながらも批判的な立場をとっているように、政府・朝廷においても軍事と造作の両事業を否定的に受け止める人々も多かった。

要するに藤原緒嗣は桓武天皇の政治への痛烈な批判をしたわけで、桓武政治が国民の負担となっており、これを取り除かねば天下の「百姓」は安んじることがないだろうというのである。蝦夷との戦争と宮都の造営は桓武の生涯をかけた事業であり、治世四半世紀のすべてをささげたものであった。これを緒嗣はいわば批判し、つまりは桓武天皇の政治を否定したのである。

この議論が激しい「相論」になったのは、これに異論が唱えられたからであった。その異論の内容は不明だが、菅野真道は「異議」を「確執」して肯《がえ》んじ聞かなかったというから、相当に激しい異論を唱えたのであろう。残念ながらその詳細は分からないにしても、真道の生き様に関わる重要な問題がその背後にあったのであろうし、彼を緒嗣とは反対の議論、すなわち軍事と造作との継続に突き動かしたもの、少なくとも桓武の政治姿勢の擁護に当たった理由ないし原因を考えてみよう。

菅野氏の成り立ち

そこで菅野氏という氏族の成り立ちについて検討する必要が出てくる。

この氏族はきわめて新しい氏族であって、元は津《つ》氏といった。日本古代史で津といえばそれはただちに難波津《なにわづ》で、その「津」氏の語から知られるように、もともとは大阪港のことであるこの難波津に関係し、その管理やまた通行税の徴収に当たることを世襲していた氏族らしい。それがのち改姓して菅野を名乗る。名乗った時期は延暦九年（七九〇）七月で、当人の真道からの申請によるものである。

すなわち「真道らが本系は百済国の貴須王《きすおう》より出で」、応神天皇時代にその子孫である「辰孫王《しんそんおう》」が日本に渡来し、天皇はこれを皇太子の「師」とした。これによって「始めて書籍伝わりて、大きに儒風」が開かれた。この辰孫王は「古事記」・「日本書紀」にいう和迩吉師《わにきし》・王仁《わに》に該当することはいうまでもなく、そしてその子太阿郎王、さらにその子亥陽君と続き、その子午定君には三男がいてここで三氏に分離、その一つが津氏だという（「続日本紀」延暦九年七月辛巳条〈十七日〉）。

この津氏から菅野氏への改姓は、申請文にもあるとおり当時桓武の外戚として絶大な勢力を誇っていた百済王一族の援護を得てなされ、申請どおりに認められて「居」地の地名を取って菅野（その地は明らかでないが、奈良県宇陀郡御杖村《みつえ》菅野とする説がある）とした。ようするに明白に渡来系氏族なのであって、しかも桓武在位の時期に改姓していて、さらに公卿になったのも同じ桓武の時期であることはすでに触れたが、完全に桓武天皇朝という時代とともに、また桓武という天皇を得てその地位と待遇を進めているのであり、桓武と一体の存在と考えてよい。菅野氏側も桓武に近づいただろうが、桓武の方もこの渡来系氏族を登用し、政権運営をスムーズに行おうとしたこともまた明白であろう。真道も桓武天皇なしにはその存在すらも考えられず、全面的にその出世は桓武のおかげであった。

そう考えれば、菅野真道が最後まで桓武天皇の政権運営を擁護し、これを批判し反対する緒嗣に強力に異を唱えたのはきわめて自然に納得できるだろう。真道は、血縁において桓武と同じ渡来系氏族の血を受けていることとあわせて、政治勢力として桓武の庇護を強く得ることによってその地位を築き、つまりは利益を受けてきたのである。だからその桓武政権の批判や否定について異常なまでの反発を示すのは当然なのであって、それは、真道はむろん菅野氏の存続にまで関わる要素だったからである。天下徳政相論というのは、ただ狭い意味での朝廷世界の出来事なだけではなく、もっと広く、大きな政治的環境に関係する意見対立だったのだ。

天下徳政相論の意味

　かくして天下徳政相論は行われ、結果桓武は、「帝、緒嗣の議を善とし」て自分への批判を採用し、しかる後「即ち停廃に従う。有識之を聞きて、感歎せざるなし」という状況だったという（『日本後紀』延暦二十四年十二月壬寅条〈七日〉）。

　この「相論」を「やらせ」とする見解がある。つまり桓武ははじめから軍事と造作を停止したく思っていて、しかしその政策を断行するには何らかの動機が必要で、それをこの議論による停止意見に求めたのであって、ストーリーは決まっていたのであり、要するに結果は最初から分かっていたのだとする考えである。

　たしかにそういう推測も可能だとは思うし、ありえないこととも思わないが、ここまでの桓武の政治的行動を仔細に見てくると、いわば稚拙ともいうべきそうした〝小細工〟をするようにはわたしには思えない。みずからのこれまでの政治がよかったのか悪かったのか、人々に受け入れられているのかそうでないのか、などを真剣に悩んだと思う。四半世紀の在位期間に、はたして充分な政治や行政を行えたのだろうかと振り返るなかで、それを貴族たちにただし、意見を聞きたく思ったのは、その生涯が激動であることを思えば、無理からぬことであろう。桓武の在位期間中はもちろんだが、その生涯全体を考えるうえでも、ここでその評価を聞いておきたいと考えたのである。結果は否定的な意見が強く、それを取り入れざるを得なかったわけだが、非常に大雑把な見解であることは承知するにしても、最後に自分の政治家人生の否定にも等しい意見を受け入れた桓武の度量は、なみなみならぬ堂々としたものであったといえよう。

古来、どこの国家の指導者でもそうだが、自分なり自分の政権なりに批判を加えられることを好まなかった。本論から逸脱するようだが、現代の政権でもそれは異ならない。かたくなに自分なり自分の政権なりを自己弁護し、たとえ間違いと分かっていてすらも誤りを認めようとしないのがふつうである。特に成功をおさめ、頂点にたった晩年にそれはあらわれる。平清盛しかり、豊臣秀吉しかりで、彼らは晩節を汚し、この世を去った。周りにそれを諫め、引き止める人材もなく、そのあとに大きな崩壊が待ち受けていたことは、両者ともに同じ運命だった。むろんだからといってそれまでの生涯なり生き様なりのすべてが否定されるわけではないけれども、独裁者、専制君主の謗りは免れないだろう。

この点で桓武は、偉大といってよい。わたしは躊躇なくそう思う。最後の最後に自分の政権運営への批判を受け入れ、方針の転換をはかる余地を次代にじゅうぶんにあたえて、この世を去っていったのだから。

終章　崩御とその後

早良廃太子から平城立太子へ

延暦二十四年十二月七日の天下徳政相論ののち、ただちに造宮職《ぞうぐうしき》の廃止を決定、これは翌大同元年（八〇七）二月三日にいたり造宮職の木工寮《もくのりょう》への併合ということで処置された。「宮」＝平安宮を「造」る官庁が廃止されたのだから、いってみればここで平安京の造営は、少なくともその本格的なものは中止されたということになる。

蝦夷との戦争についてはそのような明白な徴証を見出しがたいが、実際にこれ以後に戦争が行われていないことをもってそれとしてよいだろう。このほとんど直後に桓武は死をむかえることからして、まさに生涯の決算としてこの「相論」を行ったのであり、その人生に整理を加えるに等しい出来事であった。

これより先、個人的というか、念願というか、もう一つの課題に決着をつけている。後継者の指名である。

桓武天皇の後継者、すなわち皇太子は天応元年（七八一）のその即位にともなってほぼ同時に弟の早良《さわら》親王とされた。この決定が桓武の主導権によるものかどうかはよく分からないが、この時点では桓武の皇子である安殿《あて》親王はまだなお八歳、前例がないわけではないが皇太子にはまだ若すぎる年齢であったから、不明ながらもそれなりの年齢に達していた弟である早良親王が皇太子になることはまず自然なことだったといってよいだろう。政界というか朝廷のコンセンサスも得やすく、ごく常識的な人事であった。

直感だけで発言することはつつしむべきだろうが、わたしはこの人事は父光仁天皇の意思が大きく影響したものではないかと想像している。「親王禅師」と呼ばれて東大寺や大安寺で活躍して修道の跡を残していた親王は、はからずも父光仁が天皇になることによって還俗を余儀なくされ、激動の奈良時代政界にさらされることになった。政界遊泳術もむろん知らないこの親王を、光仁はせめて皇太子に指名することを望み、新天皇桓武にこれを託したものと思う。桓武もこれを受け入れた。

ただいっぽうで桓武が我が子の安殿親王に将来を託そうという気持ちもあったことは確かだろうし、安殿が成長していくにつれて、その間のいわばジレンマに悩むことになったのでないか。はたして延暦四年九月、藤原種継暗殺事件が勃発、皇太子早良がその首謀者ということで逮捕、のち自死するにいたる。つまりこれで桓武がわが子を後継者にするための障害がなくなったことになり、たしかに実際その直後に安殿親王は立太子している。そして、壮健にとはいえないもののその後なんとか無事に成長し、やがて桓武を継いで即位にいたることになる。この間のプロセスでは早良の怨霊に悩まされるというトラブルをかかえることになるが、延暦十九年七月、ともかくも早良を崇道《すどう》天皇と追称（「日本紀略」延暦十九年七月己未条〈二十三日〉）、さらには同二十四年四月には「崇道天皇を改葬する司」を任命して（「日本後紀」延暦二十四年四月庚戌条〈十一日〉）、淡路にあった早良親王陵を大和に移転、こうした一連の措置によってこれを解決したと見立て、怨霊への決着もつけた。

そこでの天下徳政相論であることに注意しなければならないだろう。桓武の人生の総決算なのであって、けっして「軍事」＝蝦夷戦争と、「造作」＝宮都造営という二つの事業にのみ関わる事象ではなかったのである。「相論」の行われた延暦二十四年十二月という時点は、桓武の文字通りに生涯の終局だったのだ。何もかもに決着をつける出来事だったのであり、事実そのとおりになる。

崇道神社（京都市左京区上高野西明寺山）
崇道神社を名乗る神社は多い。怨霊を祀りこめた御霊系の神社であって，御霊神社までをあげると，崇道天皇を祭神とする神社はさらに多くなる。疫病除けの神社であるが，庶民の願いのなかに早良親王は生き続けたのである。

桓武天皇の崩御

天下徳政相論のあったときから一カ月後、この間に桓武は急速に健康状態を悪化させたようである。

翌大同元年（八〇六）正月朔日、「廃朝す。聖躬《せいきゅう》不予」とあって、直後の十七日の年中行事である射礼には御すことができず、回復の兆しはなかった。二月二十三日にいたっても依然として続いていた桓武の病臥に対して、これより先に「聖躬をして平善ならしめんがために、薬師仏の像並びに法華経を造写」させていたものが終了した（『日本後紀』大同元年二月丁巳条〈二十三日〉）。造像された薬師如来は、天武天皇の薬師寺の先蹤を持ち出すまでもなく病気平癒を達成する、いってみれば現世利益の仏である。正月はじめより一貫して桓武の生命の危険な状態が続いており、その回復を祈願してのものであったことは疑いない。

翌三月の十五日、「上の病大漸《たいぜん》弥留なり」とあっていよいよ危篤状態におちいり、二日後の十七日、「天皇正寝に崩ず。春秋七十」という短い記事を残して崩御した。

この崩御に先立って、「延暦四年の事に縁りて配流の輩」について、すでに京都に召還されてはいたが、このときに「今思う所ありて存亡を論ぜず、宜しく本位に叙せしむ」、すなわち生死を問わずもとの位を回復するという措置をとった。種継暗殺事件にともなって「庶人」におとされていた家持が従三位とされて復権するなど、あたかも延暦四年の藤原種継暗殺事件への処罰を否定するかのごときことまでしている。二十年を経ても桓武の胸中にこの事件は重くのしかかり、それが祟っているのではないかと思い悩み続けていたことは明白であろう。

さらにいえば氷上川継《ひかみのかわつぐ》の本位も回復されており、興味深い。川継は怨霊とは関係しないから、こちらのほうは政治的に敗北させた人物への後悔の念ということになる。怨霊への恐怖、忌避のみではなく、自分のやってきた政治行為そのものへの後悔があるように思われる。崩御に際して全てに整理をつけておきたかった、ということなのであろうか。

何度もいったように桓武は肉体的にも精神的にもおおむね頑強だった半面、こうした人物が往々にして持つひ弱さというか、歪みを持っていたのである。七十年もの人生の終着点で、もう二十年も前に起こった事件を振りかえり、心底から後悔しているさまがよく分かる。

安殿皇太子の嘆き

この桓武の崩御直前のさまざまな対応は、あるいはわが子安殿の安穏を願ってのものでもなかろうか。思えば皇太子になった時点で安殿はすでに不吉な影を帯びていた。叔父で桓武弟の早良を排除してのそれだったし、餓死という古代では例を見ない早良の死でもあった。すでに述べたように、事実その怨霊のしわざと看取された事象がしばしば起こりもした。わが子の将来に言いようのない不安を桓武が感じたとしても、無理からぬことであった。

このように考えれば、桓武天皇の崩御に際しての安殿の尋常ではない歎きは、じゅうぶんに理解できよう。悲しみなどというものをこえて、狂乱にひとしいものであったらしく、このときの安殿の年齢三十三歳から考えても、理解をこえるありさまであった。すなわち、

皇太子哀号、擗踊《へきよう》して迷いて起《た》たず。参議従三位近衛中将坂上大宿祢田村麻呂・春宮大夫従三位藤原朝臣葛野麻呂《かどのまろ》、固く請け扶けて殿より下りて東廂《ひがしのひさし》に遷る。次いで璽《じ》並びに剣櫃《けんき》を東宮に奉る。

（『日本後紀』大同元年三月辛巳条〈十七日〉）

とある。胸をうち手足をかがめ、踊りあがって歎き悲しんだのであり、起つこともあたわなかったという。そこで側近とも言うべき坂上田村麻呂と藤原葛野麻呂がこれをたすけて、桓武崩御の内裏正殿からその東廂に移動、神璽・宝剣が奉じられて皇位は受け継がれた。安殿の即位そのものは、彼の逡巡により二カ月も先の五月のことになるのだが。

妙な言い方だが三十三歳にもなった立派な男が、これほどまでに歎き悲しむのはいったいなぜだろうか。父への深い愛情と敬意があったことはむろんだろうが、それでもやはり異常としかいいようがない。

崩御した桓武とおなじ悩みを、安殿皇太子もかかえていたと見なすのが一番素直な解釈ではないか。父天皇の崩御にともなう行く先への不安であって、軍事と造作、また怨霊、たしかにこれらに何とか決着をつけて父桓武は旅出ったが、意志においても決断においても、また天皇の統治行為になによりも必要な体力においても、比較にならないほど父には劣ると思われる安殿には、言い知れない不安な状況の到来が予想されたのである。

言い換えてみればそれだけ桓武天皇の四半世紀の治世は強力で、問題をかかえてはいたけれども意志と力でもって推進され、文字通りに激動の時代を乗り切っていったということではなかろうか。むろん桓武をささえたすぐれた貴族・官僚たちがいたことも忘れてはならないが、何よりも強い桓武の個性が政局を動かした。安殿こと平城天皇論は本書の課題ではないのでこれ以上の深入りはさけねばならないが、そしてまた古代でも傑出した桓武天皇と比較するのもあるいは安殿には気の毒かもしれないが、歴史を生きた人間というのはそういうものだろうし、たえず他の歴史を生きた人間と比べられるのが宿命というものであろう。

葬送と埋葬

崩御の即日、型どおりではあったが固関《こげん》が行われ、翌日に遺骸は棺に納められた。ついでただちに葬儀の手順がきめられ、山陵を造るための「山作司《さんさくし》」、またその労務に従事する役民の管理にあたる「養役夫司《ようやくぶし》」、さらには「作方相司」「作路司」などが組織され、「左右京・五畿内・近江・丹波の国の夫五千人」が動員されて山陵の築成にあたることとなった（『日本後紀』大同元年三月壬午条〈十七日〉）。

山陵の地は「山城国葛野郡の宇太野《うだの》」と定められた。現在の京都市右京区宇多野にあたり、平安京内裏からは西にほぼ三、四キロメートル、平安京西北郊外で、一望にこの都を見下ろす明媚な場所である。今にいたるまでの京都の、日本の原点となった平安京を、「山背国葛野郡宇太村」に創始した桓武天皇の墓所にふさわしい地であった。

山陵が定められた日、安殿親王は喪服を着け、百官たちも「素服《そふく》」、やはり喪服を着けた。ところがこの日に「西北の両山」に火災が起こるといういわば不吉な出来事が生じ、また数日後にはやはり「日赤くして光無し。兵庫《ひょうご》鳴る」という怪事が起こる（『日本後紀』大同元年三月丙戌条〈二十二日〉）。遷都にともなってこうした変事が起こるということは歴史上過去に何度もあり、そしてそれらはおおむね政治・政権に対する不満・不平のあらわれであったから、安殿はこれによって次に来るべき政権運営への不安を感じ、神経をすりへらしたであろうことが推察される。

三月十八日の納棺から二日後、「有司」、すなわち官人たちが例にのっとって申上してきた。「生年及び重・復の日は、並びに故事によりて挙哀を停めん」という内容、つまり桓武の葬儀を慣例にしたがって停止することを申請したのであるが、安殿はこれをただちに拒絶した。安殿親王の、父桓武への哀悼の気持ちがいかに強かったかを知ることができるが、ともかく篤く篤く父桓武を葬ろうとしたのである。

ところが同二十二日、またしても「日赤くして光無し。大井・比叡・小野・来栖野《くるすの》等の山を共に焼く。煙灰四満し、京中昼より昏《くら》し」という現象が起こった（「日本後紀」大同元年三月丁亥条〈二十三日〉）。天文に異変が起こり、また平安京郊外の西方の大井（右京区嵐山周辺）、北方の比叡（左京区の比叡山）、東方の小野・栗栖野（山科区周辺か。ただし遠すぎるので平安京北郊外の小野・栗栖野〈ともに京都市北区〉か）にと、しきりに怪火が発生したのである。

あいつぐ異変に案の定、安殿親王の神経はもたなかったようで、これらの異変によって不安にかられた安殿は、「定むる所の山陵の地、賀茂神に近し。疑うらくは是れ神社の災火を致すか」として（同前）、異変を山陵の地が賀茂神社に近いことからくるケガレのための神の怒りではないかとして卜《ぼく》筮《ぜい》にかけた。そうすると、「初め山陵を卜するに、筮従うも亀従わず。今災異頻りに来る。慎まざるべきか。」という結果、つまり陰陽寮の行なった筮占《ぜいせん》では適地と出たが神祇官の行なった亀卜《きぼく》では不適とあったものを、おして埋葬を実施したのでこうした災が起こるのだという結果がでた。そこで「自ら禱祈するに、火災たちどころに滅す。」という事態となったという（同前）。賀茂神の位置と、山陵地と定められた宇多野の地はそう近いわけではなく、東西にかなり離れていて、平安京からいえば対極的な位置にある。何かしら背後に陰謀、そこまで言わないにしても他意の影を感じるのだが、それはともかく山陵地はこれによって変更されることになる。

桓武天皇の山陵

結果、定められた山陵地は紀伊郡柏原《かしわばら》の地、現在の京都市伏見区桃山で、しば
らく経った四月七日に「山城国紀伊郡の柏原山陵に葬る」という記事を見出す（『日本後紀』大同元年四月庚午条〈七日〉）。葬地が葛野郡から紀伊郡、平安京西北郊外から東南郊外へと変更されたのである。要するに安殿は次々に起こる変事に神経をやられ、父桓武の葬地を変更するということでこれを回避しようとしたのである。むろんこれは特に非難されるべきことではまったくなく、古代人一般の志向性ではあるのだが、桓武天皇に引きつけていえば、やはりその時代への影響が強かったということであろう。桓武が亡くなることによって空白状態ともいうべきものが生じたのであって、それはかえって桓武の偉大さの証明でもある。

ちなみに桓武の陵地については、最初三月十九日に葛野郡「宇太野」に定まり、これが翌四月七日に紀伊郡「柏原山陵」に変更、さらに同年十月十一日に「改葬」される（『類聚国史』巻三十五、大同元年十月庚午条〈十一日〉）、という史料的経過をたどる。この間の史料文に見えている記事内容については議論があるが、はじめ宇太野だったものが諸変事によって柏原に改葬、そこでの葬儀、つまりほぼ半年のモガリが終わったので「挙哀・素服」が行なわれた、ということでよいのではなかろうか。十月十一日記事は「改葬」の時点を示すものではなく、あくまで「挙哀・素服」の次第を示すものなの

桓武天皇柏原陵（京都市伏見区桃山町永井久太郎）
京都盆地の東になだらかに続く東山の麓にあり，平安京を見守るかのような位置に営まれている。静かな丘陵地にあり，近くには明治天皇・皇后陵や乃木神社などもあって参拝の人がたえない。

だから。

桓武天皇陵は、わたしの手元の宮内庁書陵部編の平成二十四年版『陵墓要覧』では、

桓武天皇　柏原陵　京都府京都市伏見区桃山町
永井久太郎
円丘　光仁天皇・贈太皇太后天高知日之子姫尊
延暦二五・三・一七（一四六六・四・一三）崩

と記されている。むろんカッコ内の紀年は神武天皇即位元年（西暦紀元前六六〇年）を基準とする皇紀であるが、月と日は太陽暦に換算されている。

桓武天皇陵がここに決められたのは、桓武死去よりはるか後年の明治十三年二月のことである。その事情については高橋美久二氏（「桓武天皇陵」『歴史読本』五九八号）や山田邦和氏（「桓武天皇柏原陵考」『文化学年報』四八号）などの研究に詳しい。

明治までの桓武陵の経緯は複雑なようだが、まず「延喜式」諸陵寮式には、

柏原陵　平安宮御宇桓武天皇。山城国紀伊郡に在り。兆域東八町・西三町・南五町・北六町　丑寅角の二岑一谷を加う。守戸五烟。

とする。かなりの広域を占め、また東北方向にあった二つの峰と一つの谷までをも含む規模だったということになる。また「守戸《しゅこ》」すなわち陵を守衛する戸も置かれていて、少なくとも平安時代には手厚く管理・維持がおこなわれていたことは疑いないところである。この時代には事あるごとにしばしば山陵使が派遣されてもおり、陵墓としての管理・維持はじゅうぶんだったことがわかる。

ただ任じられた使節たちは足を運ぶことはしても、上級貴族たちが「山陵」ではあっても実態としては死体を埋葬した墓であるそこに直接に行くケースは、平安時代には基本的にありえない。内大臣藤原伊周《これちか》が、ほんの一年前に死去した父道隆の墓所をまるで知らなかったというのは有名な話であるが（『栄華物語』巻五）、要するに天皇・皇族や貴族たちは御陵・墓所など知らないのが普通であった。したがって、そこへ直接行くことになる使節を派遣する主体である朝廷権力が低下すれば、おのずと陵墓の位置は忘れ去られてしまうことになる。桓武柏原陵も他の多くの陵墓と同様にそのような道をたどったようであるが、陵墓としての形態はとどめていたようで、文永十一年（一二七四）に盗掘を受けるにいたる。少なくともこの時点ではなお桓武天皇陵と認識されるものが、カタチにおいて存在していたということである。むろん盗掘されているのだから当然この頃には守衛にあたる「守戸」はすでに廃絶していたのであろうし、人々の記憶から桓武陵はやがて消えていった。

柏原陵の近辺に、豊臣秀吉は伏見城を建設した。今その形をとどめる遊園地としてつくられた伏見桃山城とは何の関係もないが、だいたいはそのあたりで、時代は十六世紀末のことである。この時にどうも桓武陵は城地造成のために破壊されたようである。破壊されたという記事すら伏見築城の際にはとどめないから、この時には完全に忘れ去られていたことになる。

江戸時代になっていわゆる大義名分論の盛行によって、天皇陵の確定が行われるようになり、桓武天皇の陵墓についてもその探索が試みられた。この間のことについては山田氏の論文にくわしいが、それを参照して述べれば、まず元禄時代に徳川幕府によって京都市伏見区深草の谷口古墳が策定された。六世紀代の古墳であるから到底史実とは合わないのだが、これ以後、手がかりは「柏原山陵」とか、あるいは陵地として文献に散見する「深草」・「伏見」・「稲荷」などの地名しかないから、当該のかなり広域にわたる地域において桓武「柏原山陵」の地が求められた。むろん現代風の観点からすれば科学的な根拠をともなわない勝手な推測、想像に過ぎないのだが、こうした流れの上で明治になってから国学者の谷森善臣(一八一四～一九一一)によって考証がなされ、これが現在の桓武天皇陵となった。この考証も確実なものではむろんなく、厳密な意味では今にいたるも桓武天皇「柏原山陵」の位置は不詳といわざるをえないのではあるが。

桓武天皇の諡号

ところで桓武天皇の「桓武」というおくり名は、いつついたのだろうか。これがまたよく分からない。最初に日本風のおくり名(和風諡号《しごう》)が崩御翌月の一日におくられ、それは「日本根子皇統弥照尊《やまとねこあまつひつぎいやてらすのみこと》」というものであった。

「日本根子《やまとねこ》」は古来よりある和風おくり名の典型であるし、「皇統弥照《あまつひつぎいやてらす》」もごく一般的な名称であるが、「桓武」という中国風のおくり名（漢風諡号）についてはよく分からない。村尾次郎氏『桓武天皇』は「詩経」の文言からとられたものという。ほかにも「周書」「史記」「宋書」などに同類の表現が見えていて、これらは文学者としてのほうが有名な森鷗外の『帝諡考』に集成されているが、これらの要するにどれを典拠とするかは不明である。厳密にいえば「桓武」という名の由来すらよく分からないのである。

当年の費・後世の頼り

桓武天皇の崩御に際して、正史の「日本後紀」は次のようにその評価を記している。すなわち、

天皇徳度高峙《こうじ》にして、天姿凝然《ぎぜん》たり。文華を好まずして、遠く威徳を照らす。宸極《しんきょく》に登りてより、心を政治に励まし、内には興作《こうさく》を事とし、外には夷狄《いてき》を攘《う》つ。当年《とうねん》の費《ついえ》と雖《いえど》も、後世《こうせい》の頼《たより》とす。

といい、徳は高く、容姿はすぐれ、文華を好まなかったが威徳ははるかに遠方にまでおよび、皇位についてからは政治に真剣に取り組み、「興作」すなわち宮都造営事業と、「夷狄を攘つ」すなわち蝦夷との戦争に生涯をかけ、それらは「当年の費」ではあったかもしれないが、長い目でみれば後世が頼りとする記念すべき重要事業だったという。

まことにそのとおりで、一時の判断からすれば無駄で消耗だったしても、長い歴史の目で見れば都

造りも蝦夷との戦いも、まさに歴史を造った偉大な業績なのである。細部でいえばむろんいくつもの問題点をかかえての平安時代ではあったが、平安京は京都として結局は千百年の首都の歴史と文化を刻んだし、蝦夷との戦争も小規模なものは別としておおよそ桓武天皇時代で終わった。桓武の苦難にみちた生涯が、まさに時代を造ったのである。彼の苦闘がなければその後の時代はなかった、といってもよいくらいわたしは桓武天皇の生涯とその業績を高く評価している。

文字どおりに時代を生きた人間としての桓武であったが、そしてそれをわたしが正しく、客観的に考え、評伝することができたか自信はないけれども、時代を生きることを余儀なくされ、つまりは自分の生きる時代を選択することのできないすべての人間の立場と目線をふまえ、桓武天皇のことを論じたつもりである。いかに評伝とはいえ、その時代を生きた人物の目線に立って人間を考えたいと思うその想いが達成されていることだけを願っている。

参考文献

本文中で直接言及したものについては文中に示したので、ここではそれとなるべく重複しないものを解題的にあげたい。

史料

桓武天皇とその生涯はむろん、奈良時代から平安時代にかけての史料としては正史の『続日本紀』と『日本後紀』が基本となる。

新訂増補国史大系『続日本紀』（吉川弘文館・一九三五年）
最も基礎となるものだが、宮内省（現・宮内庁）図書寮所蔵谷森健男旧蔵本を底本とし、これに諸書をあわせて校合、返り点を付したもの。

新日本古典文学大系『続日本紀』一〜五・別巻（岩波書店・一九八九〜二〇〇〇年）
現行の最も詳細な注釈をほどこしたもの。蓬左文庫旧蔵本（現・名古屋市博物館所蔵）を底本とし、諸書をあわせて校合したもの。原文とあわせて訓読がほどこされているが、「奈良時代および平安極初期の言語に近づける」ことを目標とされたため、当該時代の専門家はともかくとして現代人にはやや難解。

林陸朗『完訳注釈続日本紀』一〜六・注釈語索引（現代思潮社・一九八六〜八九年）
新訂増補国史大系本を底本とし、訓読したもの。「現在慣行の漢文訓読法を基準」としており、簡便で利用しやすい。

新訂増補国史大系『日本後紀』（吉川弘文館・一九三四年）

最も基礎となるもので、これは塙保己一校印本を底本とし、諸書をあわせて校合、返り点を付したもの。

佐伯有義校訂評注『日本後紀』上・下（朝日新聞社・一九四〇～四一年）

新訂増補国史大系本と同じく塙保己一校印本を底本とし、返り点をほどこして、簡単な頭注を付す。『日本後紀』は全四〇巻のうち一〇巻を残すのみで、桓武天皇時代では延暦十一年正月～十五年六月、十六年四月～十七年十二月、十九年正月～二十二年十二月が欠失している。平安京遷都などの重要記事が知られないわけで、この朝日新聞社本はこの欠失した巻を『日本紀略』・『類聚国史』などで「逸文」として補い、下巻としてこれらを集成しているので便利。

黒板伸夫・森田悌編『訳注日本史料・日本後紀』（集英社・二〇〇三年）

さらにこれを進めて、『日本紀略』『類聚国史』などの記事をもとの『日本後紀』にそって配列、原文に返り点をほどこし、訓読したもの。詳細な注釈も付された画期的業績で、桓武天皇時代ばかりか、『日本後紀』の時代全体を考えるのに格段の進展をもたらした。

研究業績

奈良・平安時代にふれて桓武天皇に関説した研究文献はきわめて多いが、桓武天皇という人物像にせまる業績は以外と少ない。

村尾次郎『桓武天皇』（吉川弘文館・一九六三年）

桓武天皇個人に焦点をあわせた業績としては、今もこれをこえるものはない名著である。「山部王」・「桓武朝の成立」・「親政の展開」・「苦悩」・「平安時代開かる」の五章に分かち、時代背景を詳細に押さえながら人物像にせまっている。

高橋富雄「桓武天皇」（『平安王朝』所収、人物往来社・一九六五年）
森鹿三「桓武天皇」（『歴史の京都』一「天皇と武士」所収、淡交社・一九七〇年）
角田文衛「桓武天皇」（『人物日本の歴史』三所収、小学館・一九七六年）
上田正昭「桓武天皇」（『平安神宮百年史』本文編所収、平安神宮・一九九七年）
村山修一「桓武天皇」（『日本先覚者列伝』所収、塙書房・二〇〇五年）

桓武天皇の生涯について概観された業績はだいたい以上でよいだろう。ともにそう長い文章ではないが、それぞれに桓武天皇の生涯について適切な叙述がなされている。なお『大日本史』一「本紀一」に桓武天皇の伝記史料が集成されている。

桓武天皇時代の政治や経済などを含めた歴史状況については汗牛充棟ただならない多くの業績があるが、当面、当該時代の全体の歴史分析については以下のものが最も参照されるべき業績であろう。

北山茂夫『平安京』（中央公論社・一九六五年）
滝浪貞子『平安建都』（集英社・一九九一年）
笹山晴生『平安の朝廷』（吉川弘文館・一九九三年）
林陸朗『桓武朝論』（雄山閣・一九九四年）

北山著書は桓武朝をふくむ平安前期全体の概説書であるがいまでも生命を失わない好著で、滝浪著書は北山のあとをうけて最新の成果を吸収した平安前期の概説書。笹山著書はおだやかな視点で考察した時代史で、「桓武天皇と東北支配」「平安初期の政治改革」の節で桓武が考察されている。林著書は廟堂・後宮の構成や、主として政治事象をとりあげて桓武天皇時代を浮かび上がらせる。なおこれらとは別に、

古代学協会『桓武朝の諸問題』（古代学協会・一九六二年）

京都市編『京都の歴史』一「平安の新京」(京都市・一九七〇年)

があり、前者は論文集であるが(元は『古代学』一〇巻二・三・四号)、佐伯有清「桓武天皇の境涯」などの人物論を含み、桓武天皇時代を包括的に論じている。また後者も複数の執筆者による総合的な京都論で、主として都市形成の視点から論じられている。

桓武天皇の宮都造営に関してはこれまた多くの業績があり、それらのうちの代表的なもののみあげれば、平安京については、

湯本文彦編『平安通志』(京都市参事会・一八九五年)

喜田貞吉『帝都』(日本学術普及会・一九一五年)

古代学協会編『平安京提要』(角川書店・一九九四年)

もっとも基礎となる業績ばかりで、そのうちでも『平安通志』には当時のあたうるかぎりの資料が集成されている。喜田著書は平安京について論じた最初の学術的業績。『平安京提要』は平安遷都一二〇〇年を記念して作成された著作で、特に考古学的資料を集成して貴重。なお平安京に関しては、

井上満郎『研究史平安京』(吉川弘文館・一九七八年)

にそれまでの研究業績を集め、その評価などを記している。長岡京については、

林陸朗『長岡京の謎』(新人物往来社・一九七二年)

小林清『長岡京の新研究』(比叡書房・一九七五年)

福山敏男他著『新版長岡京発掘』(NHKブックス・一九八四年)

山中章『長岡京研究序説』(塙書房・二〇〇一年)

などがあげられる。福山編著が歴史・考古の両者をカバーしていて理解しやすいが、林著書は歴史を中心として長岡京時代にまで及んでいて興味深い。小林著書は地元に生まれ育ったアマチュア的な立場からの、そ

れ故に専門家の気付かない興味深い指摘が各所になされていておもしろい。山中著書はきわめて専門性が高いが、研究の最前線に位置する業績が示されている。

桓武天皇のいまひとつの事業である蝦夷征討については、まず、

東北大学東北文化研究会編『蝦夷史料』（吉川弘文館・一九五七年）

にほとんどの文献史料が集成されていて便利。研究成果としては、

高橋崇『坂上田村麻呂』（吉川弘文館・一九五九年）

高橋富雄『蝦夷』（吉川弘文館・一九六三年）

亀田隆之『坂上田村麻呂』（新人物往来社・一九六七年）

などがある。高橋崇・亀田著書はともに坂上田村麻呂を中心としているが、桓武天皇の蝦夷政策にも論じおよんでいる。高橋富雄著書は蝦夷征討に焦点が合わされたもので、桓武のそれに力点が置かれている。

なお初版発行後に、

井上幸治著・平安神宮編『桓武天皇と平安京』（八木書店・二〇一二年）

西本昌弘『桓武天皇』（山川出版社・二〇一三年）

井上満郎『桓武天皇と平安京』（吉川弘文館・二〇一三年）

などが新たに刊行されている。

あとがき

明治二十七年（一八九四）、桓武天皇の平安京遷都から千百年をむかえた。明治維新の東京遷都よりすでに四半世紀が経とうとしていた。

京都は、今でも日本の首都であるという〝認識〟がある。東京〝遷都〟のおりには、明治天皇による遷都宣言、すなわち詔が発せられておらず、たんに天皇の東京への行幸、〝東幸〟にすぎず、したがって今でも京都は首都だというのである。むろん実際にはそういう現実はなく、荒唐無稽な考えであるといわれればそのとおりだろう。しかし日本の歴史・伝統にのっとっていえば、首都・宮都はことごとく天皇の遷都詔の発布を手続き上必須のものとすることは確かだし、京都から東京への〝遷都〟がそれを欠いていることも事実である。したがってこの点をとらえれば、今でも京都が日本の首都であるという議論は成り立つ。

それはともかく、明治維新とともに京都は政府機関所在地の地位を失い、人口も三分の二にまで減少、最初の人口のわかる明治四年段階では二十四万人ほどになってしまった（『京都の歴史』10「年表・事典」）。このとき京都は、小学校の創設、水力発電の採用、市街電車の運行、などと次々に欧米の文明を積極的に取り入れ、千年来にわたって蓄積された多くの知恵を発揮し、市民すべてが努力することでいちじるしい復興を遂げはしたが、なおまだそれはじゅうぶんではなかった。

日清戦争が眼前にせまり、その線上で日露戦争、さらにその間の産業革命をひかえた時期の京都で、桓武天皇を祭神とする神社の創立がはかられた。平安神宮である。歴史書を除けば、ほとんど人々の記憶から消えていた桓武天皇が、ここに復活をとげるところとなる。そしてこの復活は、京都を衰微から救済しようとする企図を強く持つものであった。すなわち後の京都商工会議所にあたる「京都実業協会」は、京都の繁栄は「偏《ひとえ》ニ帝カ都ヲ此地ニ開カセ給ヘルノ余沢」なのだから、この「恩沢」を記念して「開都以還満千百年」の「御開都千百年ノ紀念大祭」の挙行を主張した（『平安神宮百年史』による）。桓武天皇にたちかえることによって京都の復興を果たそうとしたのである。もっとも桓武を祭神とする神社の創立はすでに明治十年代からあったようで（同書）、それが明治二十八年の千百年記念事業の際に実現することになる。明治二十七年二月に「平安神社」として認可、同七月には平安神宮となって、現在におよぶ。

桓武天皇の事業は、「当年の費《つい》えといえども後世の頼《たよ》り」だと評された。明治当時の京都に関わる人たちは、まさに明治の桓武の出現を求め、そこに京都の復興をたくそうとした。

桓武に比するのは適切でないかもしれないが、北垣国道《きたがきくにみち》（一八三六〜一九一六）を考えないわけにはいかないだろう。北垣は第三代の京都府知事として赴任、明治十四年から二十五年までの十一年間にわたって知事をつとめた。彼の事業で最も大きいものは琵琶湖疏水《そすい》の建設で、この疏水は今も京都市民の飲料水の主要なものとして市民の暮らしに深く関わっている。

彼は、「今度来た（北）餓鬼（垣）、極（国）道」とそしられた。疏水建設などへの市民の財政的な負担をもとめたからである。そしてそれが市民たちの大きな負担になったことも事実であった。しかし大きな決断を下し、幾多の批判にたえて実行された施策は、まさに「後世の頼り」となった。その時々の評判や評価に拘泥することなく、将来を見すえ、勇気をもって行われたからである。

桓武天皇の生涯は、まさにそれである。「天下の苦しむ所は、軍事と造作となり。此の両事を停むれば百姓安んぜん」とまで批難された国民の怨嗟や政治家たちの批判が、桓武天皇にとって心地よかったわけはなかろう。しかしその批判にたえて自己をきびしく律し、確固たる信念によるその治世は、平安一千年の歴史と文化を切り拓いたのであった。四半世紀という長期政権にあって、むろんそこには光もあれば影もあった。そのいずれもが桓武の生涯なのであり、光と影の両方を背負いながら桓武は生きた。だれでもそうだといえばそれまでだが、まさに「当年の費え」が「後世の頼り」として次代の日本をつくったわけで、桓武天皇の七十年の生涯は、日本歴史の上に大きな山塊を形成しているとわたしは思う。その山塊をどこまで眺め得たか、どこまで登り得たかについてはお読みいただく方の判断にゆだねるほかないが、ともかくもわたしの桓武天皇論はここで閉じたいと思う。

二〇〇六年七月

井上満郎

桓武天皇年譜

和暦	西暦	齢	関係事項	一般事項
天平 九	七三七	1	この年誕生する。実名は山部。	この年天然痘が大流行する。
一二	七四〇	4		九州で藤原広嗣の乱が起こる。
天平勝宝二	七五〇	14	弟の早良王誕生か。	
天平宝字元	七五七	20		正・6橘諸兄死去。7・2橘奈良麻呂の乱が起こる。
三	七五九	22	父白壁王が従三位に叙される。	
四	七六〇	24		正・4藤原仲麻呂（恵美押勝）が大師（太政大臣）となる。
五	七六一	25	弟の他戸王誕生か。	
六	七六二	26	12・1父白壁王が中納言となる。	5・23淳仁天皇と孝謙上皇が不和となる。
八	七六四	28	10・7従五位下に叙される。	9・11藤原仲麻呂の乱が起こる。
天平神護元	七六五	29	父白壁王が勲二等になる。藤原仲麻呂の乱の鎮圧に功績があったためか。	閏10・2道鏡が太政大臣禅師となり、道鏡政権が成立する。

二	七六六	30	11・5従五位上に昇進、大学頭になるか。	10・20道鏡が法王となる。
神護景雲三	七六九	33		9・25和気清麻呂が大隅国に流刑となるが、これに藤原百川が援助を与えたという。
宝亀 元	七七〇	34	10・1父の白壁王が即位し（光仁天皇）、井上内親王を皇后とする。11・6山部王が四品となり、親王となる。	8・4称徳天皇が崩御し、道鏡政権が崩壊する。
二	七七一	35	正・23他戸親王が皇太子となる。3・13中務卿となる。	11・28藤原百川が参議となる。
三	七七二	36	3・2井上内親王が巫蠱に坐し皇后を廃される。5・27これによって他戸皇太子も廃される。	11・27道鏡が下野で死去する。
四	七七三	37	山部親王が皇太子となる。	
五	七七四	38	この年、小殿親王（安殿親王、のちの平城天皇）誕生か。	
六	七七五	39	4・27井上元皇后・他戸元皇太子が同日に大和国宇智郡の幽閉先で死去する。	10・2吉備真備が死去する。
八	七七七	41	11・25山部親王の病気快癒を願って畿内の神社に奉幣する。	
九	七七八	42	この年春、山部親王の病気続く。大赦や諸社への奉幣などを行なう。10・25病気平癒への感謝のため伊	

一〇	七七九	43	勢神宮へ赴く。	7・9藤原百川が死去する。12・30藤原小黒麻呂が参議となる。
一一	七八〇	44		2・1大伴家持が参議となる。
天応　元	七八一	45	2・17姉の能登内親王が死去する。4・3父光仁天皇の譲位をうけて山部親王が即位する。4・4弟早良親王を皇太子とする。4・15母高野新笠を皇太夫人とする。	12・23光仁上皇が崩御する。
延暦　元	七八二	46	正・11氷上川継が謀反を計画、大伴家持・坂上田村麻呂らがこれに関与して処罰される。3・26三方王らが桓武を厭魅し、流刑に処される。	正・7光仁上皇を広岡山陵に埋葬する。3・26藤原種継が参議となる。4・11造宮省などを廃止、官庁の統廃合をはかる。
二	七八三	47	4・14小殿親王を安殿と改名する。4・18夫人藤原乙牟漏を皇后とする。	2・5故藤原百川に右大臣を贈る。6・10私的な寺院建立を禁止する。7・19大伴家持が中納言となる。
三	七八四	48	5・16遷都のため藤原種継・同小黒麻呂らに山背国乙訓郡長岡村を視察させる。6・10藤原種継らを造長岡宮使に任命する。11・11長岡京に遷都する。	正・16藤原種継・藤原小黒麻呂が中納言となる。

四	七八五	49	8・24平城旧京に行幸する。9・23腹心の中納言藤原種継が暗殺されて激怒し、長岡京に戻り犯人を摘発、首謀者の早良皇太子を廃する。11・25安殿親王を皇太子とする。	正・1長岡宮大極殿で朝賀を行う（大極殿の完成）。5・3光仁・桓武の実名を避け、白髪部氏・山部氏を真髪部氏・山氏とする。11・10天神を交野に祀る。
五	七八六	50	正・17藤原旅子を夫人とする。正・21近江国に梵釈寺を創建する。10・28父光仁天皇を田原陵に改葬する。この年神野親王（嵯峨天皇）・大伴親王（淳和天皇）誕生する。	8・8蝦夷征討の準備にはいる。
六	七八七	51	8・24大納言藤原継縄の邸宅に行幸、妻の百済王明信に従三位をさずける。10・17交野に行幸し、藤原継縄邸を行宮にする。11・5天神を交野に祀る。	正・21蝦夷との交易を禁止する。
七	七八八	52	正・15皇太子安殿が元服する。5・4夫人藤原旅子が死去する（三十歳）	3月軍糧・兵員などを多賀城に輸送し、蝦夷征討にそなえる。12・7征東大将軍紀古佐美が出発する。この年、最澄が比叡山に一乗止観院をかまえる（延暦寺の起源）。
八	七八九	53	12・28母高野新笠が死去する。	6・3朝廷の軍が阿弖流夷と戦い、敗れる。6・9征東大将軍

九	七九〇	54	正・15高野新笠を大枝山陵に埋葬する。2・28百済王一族は「朕の外戚」と宣言する。閏3・10皇后藤原乙牟漏が死去する（三十一歳）。	の失策をきびしく叱責する。3・29征夷のために軍糧などの調達に着手する。
一〇	七九一	55	10・27皇太子安殿が病気回復祈願のために伊勢神宮にむかう。	7・13征夷使を任命する。大使は大伴弟麻呂、副使は坂上田村麻呂。
一一	七九二	56	6・10皇太子の病が続き、卜に崇道天皇（早良親王）の祟りと出る。	正・15宝亀3年より今年まで山背国の秦氏が朝廷のために仏事を行ってきたという。6・7兵士制を廃止し、健児制とする。
一二	七九三	57	正・15大納言藤原小黒麻呂らを山背国葛野郡宇太村に派遣し、新京の地を視察させる。正・21長岡宮の建物の移設を開始する。3・1新京の平安京を視察する。	2・17征東使を改めて征夷使とする（幕末までこの名が続く）。2・21征夷副使の坂上田村麻呂が出発する。
一三	七九四	58	10・22平安京に遷都する。10・28遷都の詔を出す。11・8山背国を山城国に、近江国古津を大津に改める。	正・1長岡宮の解体がすすみ朝賀を中止する。6・13坂上田村麻呂が蝦夷を制圧する。7・1長岡京の市を平安京に移転する。10・28大伴弟麻呂が戦勝を報告

一四	七九五	59	正・1大極殿が未完成のために朝賀を中止する。8・15朝堂院に行幸して工事の進捗を視察する。10・16交野に行幸し藤原継縄邸を行宮とする。	する。正・16新京を祝う踏歌が行なわれる。8・15近江国逢坂関が廃止される。
一五	七九六	60	正・1新造なった大極殿で朝賀を行う。	3・1和家麻呂が参議となる。7・16右大臣藤原継縄が死去する。
一六	七九七	61	11・5坂上田村麻呂を征夷大将軍に任命する。	2・13「続日本紀」が完成する。5・20崇道天皇の霊に謝するために僧侶二名を淡路に派遣する。
一七	七九八	62	7・28平城旧京の僧尼の乱行をいましめる。	
一八	七九九	63	正・16大極殿で渤海使節を饗応する。2・15使節を淡路に派遣し、崇道天皇の霊に謝す。12・29各氏族に本系帳を提出させる。	正・7豊楽院がなお未完成という。2・21和気清麻呂が死去する。12・8平安宮造営のために伊賀・伊勢など十一カ国の人を徴発する。
一九	八〇〇	64	7・23早良親王を崇道天皇と追称し、井上内親王を皇后に復する。7・26崇道天皇陵・井上皇后陵に陵戸をあてる。	11・6坂上田村麻呂を諸国の蝦夷の検校にあたらせる。
二〇	八〇一	65	2・14坂上田村麻呂に節刀を賜う。	9・27田村麻呂から戦勝の報告

				がある（10・28節刀を返還）。11・7田村麻呂が従三位に昇進する。
二一	八〇二	66	正・9坂上田村麻呂に胆沢城を築かせる。	4・15田村麻呂が阿弖流夷・母礼の降伏を報告する。8・13阿弖流夷・母礼が田村麻呂の助命嘆願にもかかわらず斬首される。
二二	八〇三	67	3・6坂上田村麻呂に志波城を築かせる。	5・22船舶が破損し遣唐使の派遣を中止する。
二三	八〇四	68	正・28坂上田村麻呂を征夷大将軍に任命する。12・25不予におちいり、翌日大赦を行なう。	4・27和家麻呂が死去する。7月遣唐使が再出発し、最澄・空海らが入唐する。
二四	八〇五	69	正・1不予のため朝賀を中止する。正・14皇太子を召しだし、面談する。4・6皇太子以下参議以上を召して後事を託す。12・7藤原緒嗣と菅野真道に天下徳政について議論させ、緒嗣を是とする。12・10造宮職を廃止する。	正・14菅野真道を参議とする。また崇道天皇のために淡路に寺院を建立する。
大同元	八〇六	70	正・1不予が続き朝賀を中止する。正・17予定どおり射礼が行なわれるも、これに出御せず。3・15危篤状態におちいる。3・16氷上川継を、翌日藤原種	4・18坂上田村麻呂が中納言となる。5・18平城天皇が即位する。

継暗殺事件関係者をそれぞれ復権する。3・17内裏正殿で崩御する（七十歳）。安殿皇太子は動転して、坂上田村麻呂・藤原葛野麻呂らがこれをたすけ、神器が奉られる。3・19山城国葛野郡宇太野を山陵地と定める。この後平安京近郊に頻々と火災が起こる。

4・7山城国紀伊郡柏原山陵に埋葬される。

人名索引

あ 行

か 行

さ 行

た　行

な　行

は　行

ま　行

や・わ行

事項索引

あ行

か行

さ行

た　行

な　行

は・ま行

や・ら・わ行

《著者紹介》

井上満郎（いのうえ・みつお）

1940年　京都市生まれ。

1964年　京都大学文学部卒業。

1969年　京都大学大学院文学研究科博士課程修了。

奈良大学助教授，京都産業大学助教授・教授などを経て，
現　在　京都産業大学名誉教授，京都市歴史資料館館長，京都市埋蔵文化財研究所長。専攻は日本古代史。

著　書　『平安京』吉川弘文館，1978年。

『渡来人』リブロポート，1987年。

『平安京再現』河出書房新社，1990年。

『京都・よみがえる古代』ミネルヴァ書房，1991年。

『平安京の風景』文英堂，1994年。

『古代の日本と渡来人』明石書店，1999年。

『秦河勝』吉川弘文館，2011年。

『桓武天皇と平安京』吉川弘文館，2013年，ほか。

ミネルヴァ日本評伝選
桓《かん》武《む》天《てん》皇《のう》
——当年の費えといえども後世の頼り——

2006年８月10日　初版第１刷発行
2014年６月30日　初版第２刷発行
〈検印省略〉
定価はカバーに
表示しています

著　者　井　上　満　郎
発行者　杉　田　啓　三
印刷者　江　戸　宏　介

発行所　株式会社　ミネルヴァ書房
607-8494 京都市山科区日ノ岡堤谷町１
電話代表（075）581-5191
振替口座 01020-0-8076

共同印刷工業・新生製本

ISBN978-4-623-04693-5
Printed in Japan

刊行のことば

歴史を動かすものは人間であり、興趣に富んだ人間の動きを通じて、世の移り変わりを考えるのは、歴史に接する醍醐味である。

しかし過去の歴史学を顧みるとき、人間不在という批判さえ見られたように、歴史における人間のすがたが、必ずしも十分に描かれてきたとはいえない。二十一世紀を迎えた今、歴史の中の人物像を蘇生させようとの要請はいよいよ強く、またそのための条件もしだいに熟してきている。

この「ミネルヴァ日本評伝選」は、正確な史実に基づいて書かれるのはいうまでもないが、単に経歴の羅列にとどまらず、歴史を動かしてきたすぐれた個性をいきいきとよみがえらせたいと考える。そのためには、対象とした人物とじっくりと対話し、ときにはきびしく対決していくことも必要になるだろう。

今日の歴史学が直面している困難の一つに、研究の過度の細分化、瑣末化が挙げられる。それは緻密さを求めるが故に陥った弊害といえるが、その結果として、歴史の大きな見通しが失われ、歴史学を通しての社会への働きかけの途が閉ざされ、人々の歴史への関心を弱める危険性がある。今こそ歴史が何のためにあるのかという、基本的な課題に応える必要があろう。評伝という興味ある方法を通じて、解決の手がかりを見出せないだろうかというのも、この企画の一つのねらいである。

狭義の歴史学の研究者だけでなく、多くの分野ですぐれた業績をあげている著者たちを迎えて、従来見られなかった規模の大きな人物史の叢書として、「ミネルヴァ日本評伝選」の刊行を開始したい。

平成十五年（二〇〇三）九月

ミネルヴァ書房

ミネルヴァ日本評伝選

企画推薦
梅原　猛
ドナルド・キーン
佐伯彰一
角田文衞

監修委員
上横手雅敬
芳賀　徹

編集委員
石川九楊
伊藤之雄
猪木武徳
今谷　明
今橋映子
熊倉功夫
佐伯順子
坂本多加雄
武田佐知子
竹西寛子
西口順子
兵藤裕己
御厨　貴

上代

*俾弥呼　古田武彦
日本武尊　西宮秀紀
仁徳天皇　若井敏明
雄略天皇　吉村武彦
*蘇我氏四代　遠山美都男
推古天皇　義江明子
聖徳太子　仁藤敦史
斉明天皇　武田佐知子
小野妹子・毛人　大橋信弥
*額田王　梶川信行
弘文天皇　遠山美都男
天武天皇　新川登亀男
持統天皇　丸山裕美子
阿倍比羅夫　熊田亮介
*藤原四子　木本好信
柿本人麻呂　古橋信孝
*元明天皇・元正天皇　渡部育子
聖武天皇　本郷真紹
光明皇后　寺崎保広
孝謙天皇　勝浦令子
藤原不比等　荒木敏夫
吉備真備　今津勝紀
*藤原仲麻呂　木本好信
道　鏡　吉川真司
大伴家持　和田　萃
*行　基　吉田靖雄

平安

*桓武天皇　井上満郎
嵯峨天皇　西別府元日
宇多天皇　古藤真平
醍醐天皇　石上英一
村上天皇　京樂真帆子
花山天皇　上島　享
*三条天皇　倉本一宏
藤原薬子　中野渡俊治
小野小町　錦　仁
藤原良房・基経　瀧浪貞子
菅原道真　竹居明男
*紀貫之　神田龍身
源高明　所　功
*安倍晴明　斎藤英喜
藤原実資　橋本義則
*藤原道長　朧谷　寿
藤原伊周・隆家　倉本一宏
藤原定子　山本淳子
清少納言　後藤祥子
紫式部　竹西寛子
和泉式部　ツベタナ・クリステワ
大江匡房　小峯和明
*阿弖流為　樋口知志
坂上田村麻呂　熊谷公男
*源満仲・頼光　元木泰雄
平将門　西山良平
藤原純友　寺内　浩
空　海　頼富本宏
最　澄　吉田一彦
*空　也　石井義長
奝　然　上川通夫
*源　信　小原　仁
後白河天皇　美川　圭
式子内親王　奥野陽子
建礼門院　生形貴重
藤原秀衡　入間田宣夫
平時子・時忠　元木泰雄
平維盛　根井　浄
守覚法親王　阿部泰郎
藤原隆信・信実　山本陽子

鎌倉

源頼朝　川合　康
*源義経　近藤好和
源実朝　神田龍身
後鳥羽天皇　五味文彦
九条兼実　村井康彦
九条道家　上横手雅敬
北条時政　野口　実
熊谷直実　佐伯真一
*北条政子　関　幸彦
北条義時　岡田清一
曾我十郎・五郎　杉橋隆夫
北条時宗　近藤成一
安達泰盛　山陰加春夫
平頼綱　細川重男
竹崎季長　堀本一繁
西　行　光田和伸
藤原定家　赤瀬信吾
*京極為兼　今谷　明

*兼好　島内裕子
重源　横内裕人
*運慶　根立研介
快慶　井上一稔
法然　今堀太逸
慈円　大隅和雄
明恵　西山　厚
親鸞　末木文美士
恵信尼・覚信尼　西口順子
覚如　今井雅晴
*道元　船岡　誠
叡尊　細川涼一
*忍性　松尾剛次
*日蓮　佐藤弘夫
一遍　蒲池勢至
*宗峰妙超　竹貫元勝

南北朝・室町

後醍醐天皇　上横手雅敬
護良親王　新井孝重
*赤松氏五代　渡邊大門
*北畠親房　岡野友彦
楠正成　兵藤裕己
*新田義貞　山本隆志
*光厳天皇　深津睦夫
足利尊氏　市沢　哲
佐々木道誉　下坂　守
円観・文観　田中貴子
足利義詮　早島大祐
足利義満　川嶋將生
足利義持　吉田賢司
足利義教　横井　清
大内義弘　平瀬直樹
伏見宮貞成親王　松薗　斉
山名宗全　山本隆志
日野富子　脇田晴子
世阿弥　西野春雄
雪舟等楊　河合正朝
宗祇　鶴崎裕雄
*満済　森　茂暁
一休宗純　原田正俊
蓮如　岡村喜史

戦国・織豊

北条早雲　家永遵嗣
毛利元就　岸田裕之
毛利輝元　光成準治
*今川義元　小和田哲男
*武田信玄　笹本正治
*武田勝頼　笹本正治
*真田氏三代　笹本正治
*三好長慶　天野忠幸
*宇喜多直家・秀家　渡邊大門
*上杉謙信　矢田俊文
島津義久・義弘　福島金治
長宗我部元親・盛親　平井上総
吉田兼倶　西山　克
山科言継　松薗　斉
*雪村周継　赤澤英二
織田信長　三鬼清一郎
豊臣秀吉　藤井讓治
*北政所おね　田端泰子
*淀殿　福田千鶴
前田利家　東四柳史明
*黒田如水　小和田哲男
*蒲生氏郷　藤田達生
*細川ガラシャ　田端泰子
伊達政宗　伊藤喜良
*支倉常長　田中英道
ルイス・フロイス　エンゲルベルト・ヨリッセン
*長谷川等伯　宮島新一
顕如　神田千里

江戸

徳川家康　笠谷和比古
*徳川家光　野村　玄
徳川吉宗　横田冬彦
*後水尾天皇　久保貴子
光格天皇　藤田　覚
崇伝　杣田善雄
春日局　福田千鶴
*池田光政　倉地克直
シャクシャイン　岩崎奈緒子
*田沼意次　藤田　覚
*二宮尊徳　小林惟司
末次平蔵　岡美穂子
*高田屋嘉兵衛　生田美智子
*林羅山　鈴木健一
吉野太夫　渡辺憲司
中江藤樹　辻本雅史
*山崎闇斎　澤井啓一
山鹿素行　前田　勉
*北村季吟　島内景二
貝原益軒　辻本雅史
松尾芭蕉　楠元六男
*ケンペル　B・M・ボダルト＝ベイリー
荻生徂徠　柴田　純
*雨森芳洲　上田正昭
石田梅岩　高野秀晴
前野良沢　松田　清
平賀源内　石上　敏
本居宣長　田尻祐一郎
杉田玄白　吉田　忠
上田秋成　佐藤深雪
木村蒹葭堂　有坂道子
*大田南畝　沓掛良彦
菅江真澄　赤坂憲雄
*鶴屋南北　諏訪春雄
良寛　阿部龍一
*山東京伝　佐藤至子
*滝沢馬琴　高田　衛
平田篤胤　山下久夫
シーボルト　宮坂正英
本阿弥光悦　岡　佳子
小堀遠州　中村利則
狩野探幽・山雪　山下善也
尾形光琳・乾山　河野元昭
*二代目市川團十郎　田口章子
与謝蕪村　佐々木丞平
伊藤若冲　狩野博幸
鈴木春信　小林　忠
円山応挙　佐々木正子
*佐竹曙山　成瀬不二雄
葛飾北斎　岸　文和
酒井抱一　玉蟲敏子

孝明天皇　青山忠正
*和宮　辻ミチ子
徳川慶喜　大庭邦彦
島津斉彬　原口　泉
*古賀謹一郎　小野寺龍太
*栗本鋤雲　小野寺龍太
西郷隆盛　家近良樹
*塚本明毅　塚本　学
*月　性　海原　徹
*吉田松陰　海原　徹
*高杉晋作　海原　徹
ペリー　遠藤泰生
オールコック　佐野真由子
アーネスト・サトウ　奈良岡聰智
緒方洪庵　米田該典
冷泉為恭　中部義隆

近代

*明治天皇　伊藤之雄
*大正天皇　F・R・ディキンソン
*昭憲皇太后・貞明皇后　小田部雄次
大久保利通　三谷太一郎
山県有朋　鳥海　靖
木戸孝允　落合弘樹
井上　馨　伊藤之雄
*松方正義　室山義正
北垣国道　小林丈広
板垣退助　小川原正道
長与専斎　笠原英彦
大隈重信　五百旗頭薫
伊藤博文　坂本一登
井上　毅　大石　眞
*井上　勝　老川慶喜
*桂　太郎　小林道彦
渡辺洪基　瀧井一博
*乃木希典　佐々木英昭
林　董　君塚直隆
*児玉源太郎　小林道彦
*高宗・閔妃　木村　幹
山本権兵衛　室山義正
*金子堅太郎　松村正義
高橋是清　鈴木俊夫
小村寿太郎　簑原俊洋
*犬養　毅　小林惟司
*加藤高明　櫻井良樹
加藤友三郎・寛治　麻田貞雄
牧野伸顕　小宮一夫
田中義一　黒沢文貴
内田康哉　高橋勝浩
石井菊次郎　廣部　泉
平沼騏一郎　堀田慎一郎
宇垣一成　北岡伸一
*宮崎滔天　榎本泰子
*浜口雄幸　川田　稔
幣原喜重郎　西田敏宏
関　一　玉井金五
水野広徳　片山慶隆
広田弘毅　井上寿一
安重根　上垣外憲一
*グルー　廣部　泉
*永田鉄山　森　靖夫
東條英機　牛村　圭
今村　均　前田雅之
蔣介石　劉　岸偉
石原莞爾　山室信一
木戸幸一　波多野澄雄
*岩崎弥太郎　武田晴人
伊藤忠兵衛　末永國紀
五代友厚　田付茉莉子
大倉喜八郎　村上勝彦
*安田善次郎　由井常彦
渋沢栄一　武田晴人
益田　孝　鈴木邦夫
山辺丈夫　宮本又郎
武藤山治　阿部武司・桑原哲也
西原亀三　森川正則
小林一三　橋爪紳也
大倉恒吉　石川健次郎
大原孫三郎　猪木武徳
*河竹黙阿弥　今尾哲也
イザベラ・バード　加納孝代
*林　忠正　木々康子
*森　鷗外　小堀桂一郎
*二葉亭四迷　ヨコタ村上孝之
夏目漱石　佐々木英昭
巌谷小波　千葉信胤
樋口一葉　佐伯順子
*島崎藤村　十川信介
泉　鏡花　東郷克美
*有島武郎　亀井俊介
永井荷風　川本三郎
北原白秋　平石典子
菊池　寛　山本芳明
宮澤賢治　千葉一幹
正岡子規　夏石番矢
高浜虚子　坪内稔典
与謝野晶子　佐伯順子
*種田山頭火　村上　護
*斎藤茂吉　品田悦一
*高村光太郎　湯原かの子
萩原朔太郎　エリス俊子
*原阿佐緒　秋山佐和子
*狩野芳崖・高橋由一　古田　亮
小堀鞆音　小堀桂一郎
竹内栖鳳　北澤憲昭
黒田清輝　高階秀爾
中村不折　石川九楊
横山大観　高階秀爾
*橋本関雪　西原大輔
小出楢重　芳賀　徹
土田麦僊　天野一夫
岸田劉生　北澤憲昭
松旭斎天勝　川添　裕
中山みき　鎌田東二
佐田介石　谷川　穣
*ニコライ　中村健之介
出口なお・王仁三郎　川村邦光
島地黙雷　阪本是丸
*新島　襄　太田雄三
木下広次　冨岡　勝
嘉納治五郎　クリストファー・スピルマン
柏木義円　片野真佐子
津田梅子　田中智子
*澤柳政太郎　新田義之

河口慧海　高山龍三
山室軍平　室田保夫
大谷光瑞　白須淨眞
*久米邦武　髙田誠二
フェノロサ　伊藤　豊
三宅雪嶺　長妻三佐雄
*岡倉天心　木下長宏
志賀重昂　中野目徹
徳富蘇峰　杉原志啓
竹越與三郎　西田　毅
内藤湖南・桑原隲蔵　礪波　護
岩村　透　今橋映子
*西田幾多郎　大橋良介
金沢庄三郎　石川遼子
上田　敏　及川　茂
柳田国男　鶴見太郎
厨川白村　張　競
天野貞祐　貝塚茂樹
大川周明　山内昌之
西田直二郎　林　淳
折口信夫　斎藤英喜
九鬼周造　粕谷一希
辰野　隆　金沢公子
シュタイン　瀧井一博
*西　周　清水多吉
*福澤諭吉　平山　洋
福地桜痴　山田俊治

田口卯吉　鈴木栄樹
*陸　羯南　松田宏一郎
黒岩涙香　奥　武則
*吉野作造　田澤晴子
野間清治　佐藤卓己
山川　均　米原　謙
*岩波茂雄　十重田裕一
*北　一輝　岡本幸治
*穂積重遠　大村敦志
中野正剛　吉田則昭
満川亀太郎　福家崇洋
*北里柴三郎　福田眞人
高峰譲吉　木村昌人
田辺朔郎　秋元せき
*南方熊楠　飯倉照平
寺田寅彦　金森　修
石原　純　金子　務
辰野金吾　河上真理・清水重敦
*七代目小川治兵衛　尼崎博正
ブルーノ・タウト　北村昌史

現代

昭和天皇　御厨　貴
高松宮宣仁親王　後藤致人

*李方子　小田部雄次
吉田　茂　中西　寛
マッカーサー　柴山　太
石橋湛山　増田　弘
重光　葵　武田知己
市川房枝　村井良太
*池田勇人　藤井信幸
高野　実　篠田　徹
和田博雄　庄司俊作
朴正熙　木村　幹
竹下　登　真渕　勝
*松永安左エ門　橘川武郎
鮎川義介　井口治夫
*出光佐三　橘川武郎
松下幸之助　米倉誠一郎
渋沢敬三　井上　潤
*本田宗一郎　伊丹敬之
井深　大　武田　徹
*佐治敬三　小玉　武
幸田家の人々　金井景子
*正宗白鳥　大嶋　仁
大佛次郎　福島行一
*川端康成　大久保喬樹
*薩摩治郎八　小林　茂

松本清張　杉原志啓
安部公房　鳥羽耕史
*三島由紀夫　島内景二
井上ひさし　成田龍一
R・H・ブライス　菅原克也
金素雲　林　容澤
柳　宗悦　熊倉功夫
バーナード・リーチ　鈴木禎宏
イサム・ノグチ　酒井忠康
川端龍子　岡部昌幸
藤田嗣治　林　洋子
*井上有一　海上雅臣
*手塚治虫　竹内オサム
山田耕筰　後藤暢子
古賀政男　藍川由美
*吉田　正　金子　勇
武満　徹　船山　隆
*八代目坂東三津五郎　田口章子
*力道山　岡村正史
*西田天香　宮田昌明
安倍能成　中根隆行
サンソム夫妻　平川祐弘・牧野陽子
和辻哲郎　小坂国継

矢代幸雄　稲賀繁美
石田幹之助　岡本さえ
*平泉　澄　若井敏明
安岡正篤　片山杜秀
島田謹二　小林信行
前嶋信次　杉田英明
保田與重郎　谷崎昭男
*福田恆存　川久保剛
井筒俊彦　安藤礼二
佐々木惣一　松尾尊兊
*瀧川幸辰　伊藤孝夫
矢内原忠雄　等松春夫
福本和夫　伊藤　晃
*フランク・ロイド・ライト　大久保美春
大宅壮一　有馬　学
今西錦司　山極寿一

*は既刊
二〇一四年六月現在